Christine Schulz-Reiss

Nachgefragt: Europa

Basiswissen zum Mitreden

Illustrationen von Verena Ballhaus

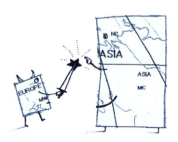

Der Umwelt zuliebe ist dieses Buch auf chlorfrei gebleichtem Papier gedruckt.

ISBN 978-3-7855-4679-6
1. Auflage 2007
© 2007 Loewe Verlag GmbH, Bindlach
Umschlagillustration: Verena Ballhaus
Umschlagfoto: SV-Bilderdienst/H.-G. Oed
Umschlaggestaltung: Andreas Henze

www.loewe-verlag.de

Inhalt

Was heißt was? Sprachen und Symbole

Wer hat hier was zu sagen?

Das haben wir davon

EU und du

Wir sind EU

Wir und die Welt

… und wo geht's jetzt lang?

Einleitung

Europa – das ist der Kontinent, auf dem wir leben. Von ihm kennst du wahrscheinlich mehr als deine Heimat, warst vielleicht schon mal in Italien oder Polen, hast Frankreich besucht oder Schweden. Europa ist aber noch etwas anderes als ein Erdteil mit 45 Ländern. Europa ist auch die EU, die Europäische Union. Dieses Europa ist ein Bündnis von 27 Staaten und will 480 Millionen Unionsbürgern eine politische Heimat geben. Heimat? Vielen kommt die EU eher vor wie ein sperriges, abweisendes Gebäude, von dem wir nicht so recht wissen, was wir darin zu suchen haben und was das mit uns zu tun haben soll. Andererseits weißt du längst, dass in diesem Europa deine Zukunft liegt, dass es dir riesige Chancen bietet – schon jetzt in der Schule, dann in der Ausbildung, auf jeden Fall später im Beruf. Vielleicht liest du dieses Buch ja genau deshalb, um mehr darüber zu erfahren. Dazu lädt es dich nämlich ein: das „europäische Haus" und die „Familie", die darin wohnt, näher kennenzulernen.

Schon jetzt hast du mit diesem Europa tagtäglich zu tun: Du zahlst mit dem Euro, der gemeinsamen Währung von zurzeit 13 (und irgendwann einmal allen) EU-Staaten. Diesem Europa begegnest du aber auch anderswo. Es versucht, unser Miteinander einfacher zu machen. Es gestaltet als Gemeinschaft das Verhältnis zu den anderen Staaten. Wie die EU das tut, ist einmalig in der Welt, und es hat sich bewährt – was natürlich nicht heißen soll, dass das nicht noch verbessert werden kann.

Warum schimpfen viele Erwachsene, vielleicht auch deine Eltern oder Lehrer, so oft über „diese EU"? Für uns alle sind Sicherheit und Wohlstand, Gesundheit, Freiheit und vor allem Frieden zur Selbstverständlichkeit geworden. Darüber vergessen wir leicht, dass erst Europa dies ermöglicht hat und wir dafür sorgen müssen, dass es so bleibt. Vielen erscheint die EU schrecklich kompliziert. Dabei ist sie das gar nicht. Im Gegenteil: Es ist richtig spannend, dass und wie dieses Bündnis funktioniert. Freilich, viele Begriffe, in die Europa sich kleidet, sind verwirrend: Da gibt es zum Beispiel den „Europäischen Rat" und daneben den „Rat der Europäischen Union". Dann wieder ist die Rede vom „Europarat", der, um das vermeintliche Chaos komplett zu machen, gar nichts zu tun hat mit der EU und dem sogar Staaten anderer Kontinente angehören. Beide, EU und Europarat, haben zum Ziel, den Frieden zu bewahren und dort zu schaffen, wo Völker noch Krieg gegeneinander führen.

Dieses Buch lädt dich ein, dir anzusehen, wie Europa versucht, die Welt friedlicher zu gestalten. Es führt dich durch das Gebäude Europa, damit es dir vielleicht zum Zuhause wird. Daheim fühlen kannst du dich ja nur dort, wo du nicht nur dein eigenes Zimmer kennst, sondern auch die Bewohner von nebenan. Wenn du weißt, welche Einrichtungen das ganze Haus hat, damit alle bestmöglich darin leben können. Wenn du magst, fang einfach mit einem Spaziergang durch die Geschichte Europas an. Dann wirst du sehen, dass und warum wir zusammengehören. Oder du schaust dir an, wer wann, warum und wie den Grundstein für dieses Haus gelegt und dann Stockwerk für Stockwerk auf- und ausgebaut und schließlich ein Dach darüber gespannt hat. Vielleicht willst du aber auch gleich wissen, was das alles mit dir zu tun hat und wie du dieses Europa für dich nutzen kannst. Oder du bist neugierig darauf, wie die EU sich gegenüber den Nachbarn verhält.

Egal, wo du anfängst zu lesen: Am Ende dieses Buches wirst du dich leichter zurechtfinden im europäischen Haus und so manchem Erwachsenen, der es nicht betreten mag, weil er sich in Wirklichkeit gar nicht auskennt, den Weg weisen können. Probier's einfach mal aus!

In Deutschland geboren, in Europa zu Hause?

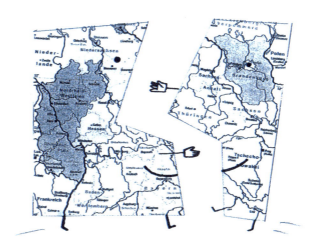

Bayer, Deutscher, Europäer – was bist du?

Bist du aus München? Dann stellst du dich einem Hamburger als Bayer vor. Als Gast im Ausland sagst du: „Ich komme aus Deutschland." Ein Amerikaner, Afrikaner, Asiat oder Australier ergänzt dann vielleicht: „Du bist Europäer!"

Wir fühlen uns, je nachdem wo wir zu Hause sind, als Frankfurter, also Hesse, als Dresdner und Sachse, als Deutsche oder Deutscher sowieso. Zu sagen „Ich bin Europäer!" klingt für uns ungewohnt. Dabei sind wir das im doppelten Sinn: Geografisch gesehen, stellen wir unsere Füße auf den gleichen Boden wie Franzosen und Finnen, Portugiesen und Polen – Menschen aus insgesamt 45 verschiedenen Staaten. 27 dieser Nationen wohnen obendrein unter einem *politischen* „Dach": Es spannt sich über ein „Haus" namens Europäische Union, kurz „EU", in das noch weitere Länder einziehen wollen. Vielleicht erinnerst du dich an die fröhlichen Fernsehbilder, die am 1. Mai 2004 aus Warschau und Ljubljana, aus Tallinn und Valletta, aus Budapest und Prag und vier anderen Hauptstädten zu uns kamen. Die Menschen aus den zehn Staaten, die damals am selben Tag in dieses „Haus" neu eingezogen sind, feierten ausgelassen auf den Straßen. Vielleicht hast du dich mit ihnen gefreut, vielleicht dich aber auch gewundert: „Was finden die so toll an der EU?"

In der EU haben sich Staaten zusammengetan, die für ihre gemeinsamen Interessen an einem Strang ziehen wollen. Als jüngste Mitglieder kamen 2007 Bulgarien und Rumänien hinzu. Ziel dieser Union ist es, die Lebensbedingungen und Rechte ihrer Mitglieder anzugleichen, zu verbessern und gegenüber der Welt zu wahren. Dazu gehört natürlich auch, die Pflichten gemeinsam zu schultern, die sich ergeben, wenn das Zusammenleben von rund einer halben Milliarde Menschen funktionieren soll. Viele Schultern tragen leichter – für die EU heißt das: Je mehr Staaten mitmachen, umso stärker wird diese Union.

Im besten Fall erwächst daraus eine europäische *Identität*, die uns irgendwann den Satz „Ich bin Europäer!" ganz selbstverständlich über die Lippen kommen lässt. Vielleicht hast du ein solches Europa-Gefühl schon mal verspürt, wenn du ohne Kontrollen und Warteschlangen über die Grenze nach Frankreich gefahren bist. Oder dir vor der Reise nach Italien der lästige Geldtausch und dort das mühsame Umrechnen der Preise erspart geblieben sind. In 13 EU-Ländern sind wir bereits mit dem Euro gut bedient. Irgendwann wird vielleicht ganz Europa mit gleicher Münze bezahlen.

Identität heißt eigentlich Wesensgleichheit. Damit ist zum einen gemeint, dass das Bild, das du von dir selbst hast, auch mit deiner Person übereinstimmt. In einer Gemeinschaft bedeutet es aber auch, dass die Beteiligten sich in ihren Werten und Zielen einig sind.

Das stiftet Identität und lässt uns in Europa zu Hause sein.

Die Länder des europäischen Kontinents haben vieles gemein: Landschaft und Natur sind sich ähnlich, Pflanzen- und Tierarten großteils miteinander verwandt. Die Bewohner verbinden Geschichte und Kultur. Da liegt es nahe, sich auch politisch zusammenzutun. Den künftigen „Bewohnern" des gemeinsamen Hauses EU wird es dabei ergehen wie Familien, die aus verschiedenen Straßen und Städten zusammenkommen, um in dasselbe neu gebaute Haus zu ziehen: Sie gestalten sich gemeinsam ein Stück Heimat. Sie stellen fest, dass das Leben leichter fällt, wenn man sich Aufgaben teilt und sich ergänzen kann, ohne dass einer seine eigenen Vorlieben aufgeben muss. Das macht den Alltag nicht nur einfacher, sondern zugleich spannend und bunt. Und gibt es mal Ärger im und ums Haus, ist der zu mehreren leichter auszuräumen, als wenn jeder für sich alleine kämpft. Zusammenhalt und Zusammenarbeit schaffen Identität – auch im europäischen „Haus".

Der Erdteil Europa: Wer und was gehört dazu?

Geografisch gehört Europa zum Doppelkontinent Eurasien. Da das Uralgebirge in Russland aber zugleich die Kultur des Ostens von der des Westens abgrenzt, tragen Europa und Asien auch eigene Namen.

700 Millionen Europäer leben auf rund zehn Millionen Quadratkilometern in 45 Staaten: Diese sind Albanien, Andorra, Belgien, Bosnien-Herzegowina, Bulgarien, Dänemark, Deutschland, Estland, Finnland, Frankreich, Griechenland, Großbritannien, Irland, Island, Italien, Kroatien, Lettland, Liechtenstein, Litauen, Luxemburg, Malta, Mazedonien, Moldawien, Monaco, Montenegro, die Niederlande, Norwegen, Österreich, Polen, Portugal, Rumänien, der westliche Teil von Russland, San Marino, Schweden, die Schweiz, Serbien, die Slowakische Republik, Slowenien, Spanien, die Tschechische Republik, die West-Türkei, die Ukraine, Ungarn, der Vatikanstaat und Weißrussland. Unser Erdteil endet im Norden am norwegischen Nordkap. Im Süden ist am spanischen Punta Marroqui an der Straße von Gibraltar Schluss. Am portugiesischen Kap Roca begrenzt der Atlantik den westlichen Kontinent, im Osten endet er am 66ten östlichen Längengrad im russischen Ural.

Eiserner Vorhang wurde die Grenze zwischen Ost- und Westeuropa genannt, weil sich dort zwei unversöhnliche Militärblöcke gegenüberstanden.

In kapitalistischen Staaten ist die Wirtschaft in der Hand privater Besitzer, deren Ziel möglichst hohe Gewinne sind, in **sozialistischen** gehört eigentlich alles dem Staat, und er bestimmt über Produktion, Gewinne und Besitz.

Nach dem Zweiten Weltkrieg trennte 50 Jahre lang der *Eiserne Vorhang* die *kapitalistischen* Staaten Westeuropas von den *sozialistischen* im Osten. Dieser „Vorhang" senkte sich von Rostock an der Ostsee mitten durch das geteilte Deutschland bis zur Adria bei Triest und grenzte die Länder Polen, die damalige Tschechoslowakei, Ungarn, Rumänien, Bulgarien und alles, was östlich davon lag, vom Westen ab. Als der Vorhang zerriss, machten sich auch diese Länder auf in die Europäische Union.

„Von Europa weiß kein Mensch, weder ob es vom Meer umflossen ist, noch wonach es benannt ist, noch wer es war, der ihm den Namen Europa gegeben hat", wunderte sich der griechische Geschichtsschreiber Herodot 430 v. Chr.

Ziemlich duster hier! Was heißt Europa?

Noch heute streiten sich die Gelehrten, woher der Name tatsächlich kommt und was er bedeuten soll. Möglicherweise ist er aus dem phönizischen Wort „ereb" entstanden, das so viel wie Abend, dunkel und untergehen heißt. Angeblich benannten die Bewohner der Nordost-Küste Afrikas so das Land, über dem sie die Sonne untergehen sahen. Wir nennen Europa noch heute „Abendland". Die Griechen kannten das Wort „erebos". Es bedeutet Finsternis und Schattenreich. Auch dies ist ein Vorläufer unseres Begriffes Abendland.

Romantischer freilich ist eine altgriechische Sage, die für den Namen des Kontinents Pate stand: Nach ihr verliebte sich Zeus in die wunderschöne Europa, eine Tochter des phönizischen Königs Agenor, die der Göttervater verführen wollte. Als Europa eines Tages beim Blumenpflücken war, nahm Zeus die Gestalt eines prächtigen weißen Stieres an und lockte die von ihm so Begehrte an den Meeresstrand. Europa näherte sich dem Tier, um es zu streicheln. Der Stier überredete das Mädchen, sich auf seinen Rücken zu setzen. Kaum hatte es das getan, sprang Zeus auf, jagte mit dem schönen Kind davon und schwamm mit Europa übers Meer. Auf Kreta setzte er sie ab und nahm wieder seine Göttergestalt an. Zeus zeugte auf der Insel mit der entführten Geliebten drei Kinder, darunter Kretas späteren König Minos. Und weil Europa so schön war, wurde schließlich der Kontinent nach ihr benannt.

Am Anfang war das Mittelmeer. Wer entdeckte Europa?

Reisen bildet - das weißt du aus eigener Erfahrung. Früher reisten die Menschen, um Handel zu treiben. Die Griechen haben bei ihren Handelsfahrten übers Mittelmeer als Erste Europa „entdeckt".

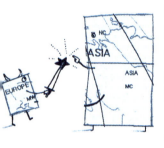

Für die Griechen reichte Europa von der Balkanhalbinsel über Italien und Sizilien bis ans spanische Mittelmeer und im Norden an die Küste des Schwarzen Meeres. Neben den Handelsgütern brachten sie ihre Staatsidee, ihre Kunst und Architektur in diese Regionen.

Der Arzt Hippokrates unterschied im 5. Jahrhundert v. Chr. das Wesen von Europäern und Asiaten: Erstere fand er mutig, freiheitsliebend und angriffslustig, die Menschen im Osten kunstbegeistert, weich und antriebslos. Dass Letztere auch Freude am Kämpfen hatten, bekamen die Griechen allerdings während der Perserkriege zu spüren. Alexander der Große (356–323 v. Chr.) trug bei seinem Versuch, mit Waffen ein Weltreich zu schaffen, griechisches Denken weit nach Asien hinein. Doch während es am Mittelmeer und in dessen nördlichem, „barbarischem" Hinterland zum Fundament einer eigenen Kultur wurde, vermischte sich der *Hellenismus* im Osten mit dortigen Gebräuchen und Gedankengut.

In Griechenland begann, was noch heute Europa ausmacht: Die Griechen legten nicht nur die Grundlage für europäisches Denken und europäische Kultur, sondern entwickelten auch die Idee von der Demokratie. Nach ihr sollen die Menschen selbst das Sagen über ihr Zusammenleben haben. Diese Idee wuchs von der Polis, der Stadt, in den Staat. Die Staaten übertrugen sie auf den Kontinent. Die Demokratie machte Europa stark – und heute auch die EU.

Als **Barbaren** bezeichneten die Griechen alle Fremden, die nicht wie sie freie Bürger waren. Für die Römer war jeder, der nicht zu ihnen gehörte, ein Barbar.

Hellenismus kommt von dem alten Namen „hellas" für Griechenland.

Die Griechen „erfanden" Europa und waren die Väter der Demokratie. Ihnen folgten die Römer. Auch ihr Ziel war es, ihre Macht auszudehnen. Damit hat Rom Europa vorangebracht.

Caesar und Co.: Was haben wir von den Römern?

Spuren der Römer findest du in Bauten und Namen, in Kunst und Kultur. Mit dem Limes, dem Grenzwall, schützten die Römer sich und ihre Macht vor den Germanen. Manches und mancher wurde von den Römern umbenannt, so wurden die Daker zum Beispiel zu Rumänen. Das römische Latein findest du in vielen europäischen Sprachen. Die Römer wurden Herren von hundert Provinzen. Caesar (100−44 v. Chr.) eroberte Gallien, das heutige Frankreich, und hat die Gebräuche seiner Heimatstadt in die Länder nördlich der Alpen gebracht. Die „Barbaren" (siehe Seite 16) in den Provinzen durften aber viele ihrer Sitten behalten.

Nach dem Kaiserreich des Caesar-Nachfolgers Augustus rief Rom sich zur Schutzherrin über den Frieden der damals bekannten Welt aus. Die Barbaren durften Bürger werden und übernahmen den Glauben aus Rom. Seit Ende des vierten Jahrhunderts war dort das Christentum Staatsreligion. Das Fundament der europäischen *Zivilisation* stand fortan auf drei Säulen: dem Denken der Griechen, dem römischen Recht und den Werten des Christentums. Später teilte sich das Römische Reich in Ost und West: Im Osten wurde Konstantinopel (Istanbul) zur Hauptstadt. Dort zog die Sprache der Griechen wieder ein. Das Lateinische aus Rom überlebte im Westen, selbst als das Römische Reich nach 500 Jahren unter dem Ansturm der Germanen zusammengebrochen war. Diese *Völkerwanderung* hat Europa eine neue Epoche gebracht.

Roms Kultur hatte ihre Wurzeln in Griechenland.

Zivilisiert (von lateinisch civis = Bürger) nennen wir Gesellschaften, in denen Menschen sich Regeln für ein würdiges Zusammenleben gegeben haben.

Vom vierten bis sechsten Jahrhundert n. Chr. war Europa in Bewegung: Mit dem Vormarsch der Hunnen aus dem Osten fing die Völkerwanderung an. Sie jagten die Goten nach Westen und Süden, und die germanischen Stämme griffen nach Rom.

Der Kerl namens Karl: Wieso wird der Große „Vater Europas" genannt?

In Aachen wird jedes Jahr eine Person, die sich besonders um ein einiges Europa verdient gemacht hat, mit dem „Karlspreis" geehrt. Karl der Große ist der (Namens-) Pate dieses Preises. Oft wird er der „Vater Europas" genannt.

Ein Glauben, eine Münze, eine Schrift: Das galt zur Zeit Karls des Großen (742–814). Dessen Herrschaftsgebiet entsprach fast schon dem heutigen politischen Europa. Karl verpasste den Menschen in seinem Reich den christlichen Glauben, mit einer Münze namens Denar den ersten „Euro" der Geschichte und mit der karolingischen Minuskel eine einheitliche Schrift. Sein Reich erstreckte sich von der Bretagne bis nach Ungarn, von Norddeutschland bis ans Mittelmeer. Sachsen und Franken, Friesen und Awaren, Thüringer und Schwaben, Bayern und Langobarden mussten sich dem Karolinger beugen. Er selbst hat dabei nicht ein vereintes Europa im Sinn gehabt, auch wenn ihn seine Zeitgenossen dessen „Vater" nannten.

Von „Europäern" hatte ein Dreivierteljahrhundert zuvor ein Vorgänger des Großen gesprochen, der Merowinger Karl Martell. Er grenzte sich und seine Leute mit diesem Namen von den afrikanischen Arabern in Spanien ab. Deren Vormarsch von dort nach Norden hat Martell im Jahr 732 bei Tours und Poitiers gestoppt. Karl der Große ließ sich im Jahr 800 in Rom vom Papst zum Kaiser und damit zum Schutzherrn der Kirche krönen. An seinem Hof versammelte er zahlreiche Gelehrte aus aller Welt. Er befahl den Klöstern, überall im Reich Schulen zu gründen, und führte eine einheitliche Verwaltung ein. Schließlich hat er „seinem" Europa ein überall geltendes Recht verschafft.

Angst vor „Überfremdung"? Griechen, Römern, wandernden Germanen und den Menschen des Mit-
telalters war so etwas unbekannt.
Angst vor Fremden äußerte sich al-
lenfalls als Angst vor Krieg. Ansons-
ten hat einer vom anderen gelernt.

Multikulti statt Rassenhass: Wer lernte was von wem?

Der Begriff „Rassismus" und die sich oftmals dahinter verber-
gende Angst vor dem Unbekannten sind relativ neu. Im „alten"
Europa war Multikulti angesagt: Völker und Bräuche, Wissen
und Wesen vermischten sich. Das erst hat die Bewohner des
Kontinents und seine Länder zu dem gemacht, was sie heute
sind.

Alexander der Große sorgte für den ersten Kulturen-Mix.
Caesar ließ den Galliern ihre Eigenarten. Die wilden Germanen staunten über Kunst und Kultur jenseits des Limes. Nachdem sie diesen Grenzwall der Römer überrannt hatten, übernahmen sie deren Vorstellungen von Verwaltung und Recht
und benutzten dafür häufig auch deren lateinische Sprache. Sie
selbst brachten ihr handwerkliches Können mit. Karl der Große nahm den von ihm Besiegten zwar ihren Glauben, sorgte
aber auch dafür, dass die Unfreien lesen und schreiben lernten.
Im Mittelalter wurden in Europa Universitäten gegründet.
Dort fand beim Lehren und Lernen, beim Forschen und Fabu-
lieren ein reger Austausch statt – und in den gelehrten Dispu-
ten entstand neues Wissen.

Adel und Herrscher betrieben Multikulti auf ihre Art: Sie
suchten sich in Nord und Süd, in Ost und West die schönsten
und reichsten Töchter von Stand. Die Bräute brachten Gelehrte, Künstler und Handwerker mit. So lernte ein Volk vom anderen und alle dazu.

Helden, Herrscher, Handel: Wie kam Europa in der Welt an die Macht?

Handel bringt Wandel – das galt auch für Europa. Kirche, Kaiser und Könige gaben dem Kontinent politische Gestalt. Kaufleute schlugen Brücken zwischen den Ländern – und suchten und fanden fremde Waren und Welten.

Global heißt „die Welt umfassend". **Globalisierung** wird die internationale Verflechtung von Wirtschaft, Handel und Geld genannt.

Wir nennen es heute *Globalisierung*, wenn internationale Konzerne rund um den Erdball Waren herstellen, kaufen und verkaufen. Eigentlich ist das nichts Neues. Dieser Welthandel fing bereits vor 1 000 Jahren im Mittelalter an. Mit Unterstützung der ersten Banken (wie zum Beispiel der Augsburger Fugger) wurde die Erde durch Kaufleute im zweiten Jahrtausend global. Europa wurde zum Markt, auf dem bald auch neuartige Ware von jenseits unseres Kontinents ihren Absatz fand. Durch die Welt reisende Kaufleute schafften Gewürze, edle Stoffe, Steine und Metalle aus Indien und dem fernen Osten Asiens heran. Die Herrscherhäuser Europas begannen einen Wettlauf um die besten Geschäfte und suchten den Seeweg nach Indien. So „entdeckte" Kolumbus 1492 Amerika.

Die Seefahrer-Nationen Europas teilten die Erde unter sich auf: Spanier und Portugiesen, Franzosen, Engländer und Holländer machten die „neue" Welt zu der ihren. Alexander der Große, Caesar und Co. hatten ihre Kulturen in die neuen „Provinzen" gebracht und dort übernommen, was ihnen nützlich erschien. Anders die europäischen Kolonialherren: Sie rissen in den folgenden Jahrhunderten nicht nur Besitz und Macht in den unterworfenen Ländern an sich, sondern missachteten und vernichteten obendrein häufig deren Völker und Kulturen. Zu Hause gab es derweil ein Hauen und Stechen um die Vorherrschaft in Europa.

Ein Gott, ein Glaube? Seit Karl der Große die Heiden in seinem Reich bekehrt hatte, war das in Europa keine Frage mehr. Die Menschen beugten vor dem Christengott ihre Knie und folgten dem Papst in Rom. Bis Martin Luther kam.

Der liebe Gott, das liebe Geld – wieso entzweite der Glaube den Kontinent?

Dem missfiel, dass es zu seiner Zeit dem Gefolge des Statthalters Gottes auf Erden mehr um Macht und Moneten statt um Glauben und Gnade ging. Den Prunk und die Prasserei der päpstlichen Prediger mussten die irdischen Sünder bezahlen. Ihnen wurde von Rom weisgemacht, ein Christ könne sich mit Geld das Seelenheil kaufen.

Gegen diesen Ablass-Handel protestierte der Wittenberger Mönch Martin Luther (1483–1546) und setzte die *Reformation* in Gang. Am Ende war nicht nur die Kirche in Papsttreue und Protestanten gespalten. Die Glaubensfrage setzte Europa mit dem schlimmsten Krieg in Brand, den der Kontinent bis dahin erlebt hatte. Erst erhoben sich die Bauern gegen die Klöster und weltlichen Herren. Dann wurde der Glaube zur Frage der Fürsten – die einen schlugen sich auf Seiten der Lutheraner, die anderen kämpften um ihre päpstlichen Pfründe. Auch daran entzündete sich Anfang des 17. Jahrhunderts der Dreißigjährige Krieg. Westeuropa zerfiel in den vornehmlich protestantischen Norden (England, Skandinavien, die Niederlande) und den überwiegend papst- und romtreuen Süden (Italien, Spanien, Portugal und Frankreich). Der Osten hatte sich unter den Türken vom Westen abgewandt. Die Gotteskinder im Volk hatten gar keine Wahl: Die Untertanen mussten sich dem Glauben ihrer Herrscher beugen. Erst Jahrhunderte später fand Europa endlich zu *Toleranz* und dauerhaftem Frieden.

Mit der **Reformation** (von lat. reformatio = Umgestaltung, Erneuerung) führte Luther den christlichen Glauben wieder auf die Botschaft des Evangeliums zurück. Danach ist die Vergebung der Sünden ein Geschenk Gottes und hängt nicht von Kirchengnaden ab.

Toleranz bedeutet, Glauben, Sitten, Gewohnheiten und Eigenarten eines anderen zu respektieren.

Wozu (miss)brauchte Österreich seine Familie?

Wenn unsere Politiker heute die „europäische Familie" beschwören, fordern sie damit die Staaten auf, wie Verwandte zusammenzuhalten. Früher gründeten Monarchen echte Familien und befriedigten damit ihre Lust auf mehr Macht.

Das Motto der Habsburger hieß: „Bella gerant allii, tu felix austria nube!" – „Andere führen Kriege, du, glückliches Österreich, heirate!"

Im **Absolutismus** hatte der jeweilige Herrscher allein alle Staatsgewalt in der Hand.

Dabei ging es weder um Liebe noch um Leidenschaft. Europa – das war die längste Zeit kein Gebilde von Nationalstaaten, wie sie für uns selbstverständlich sind. Unser heutiges Deutschland war bis ins 19. Jahrhundert ein Flickenteppich von über 40 Königs- und Fürstentümern. Darüber wölbte sich wie ein Dach das „Heilige Römische Reich" des Kaisers, zu dem auch Italien und Burgund gehörten. Später bekam es den Zusatz „Deutscher Nation". Dieses Reich hatte einen vom Papst gekrönten Kaiser. Über Jahrhunderte gehörte der stets den Habsburgern an, einer Familie, die sich durch Heiraten auf dem ganzen Kontinent breitgemacht hatte. Der Begriff Staat, abgeleitet vom französischen „l'etat", entstand im 17. Jahrhundert mit dem *Absolutismus* Ludwigs XIV. (1638–1715) in Frankreich.

Den Absolutismus ahmten andere Könige nach.

Die absolutistischen Herrscher waren nur gebunden an die Gebote von Religion und Sitte. Es interessierte sie nicht, wie es ihrem Volk erging, ob es hungerte oder Not litt, ob es lebte oder elendiglich starb. Die Stände – Adel, Kaufleute, Handwerker, Bauern und Leibeigene – folgten von unten nach oben ihren jeweiligen Herren. Ludwig XIV. versuchte, Macht und Reichtum mit Kriegen zu vergrößern. Andere Fürsten setzten dagegen auf „Liebe" statt Krieg: Sie sicherten Besitz und Bedeutung durch Hochzeiten ab. Konkurrenten wurden so durch die Ehe in die Familie eingebunden oder kaltgestellt. Ging es dann daran, ein Erbe zu verteilen, gab es allerdings häufig Krach. Diese Auseinandersetzungen wurden Erbfolgekriege genannt. Im 18. Jahrhundert gingen der Spanische, Polnische und Österreichische Erbfolgekrieg in die Geschichte ein.

Die Habsburger woben geschickt ein Netz aus Koalitionen über den Kontinent. Von Wien aus beherrschte der österreichische Zweig dieser *Dynastie* einen Vielvölkerstaat, der sich bis auf den Balkan erstreckte.

Dynastien sind Herrscherfamilien, in denen Krone und Macht weitervererbt werden.

Die Völker hatten zwar Leid und Last von Kriegen zu tragen, traten aber nicht als Nationen gegeneinander an. Die Kriegsherren besorgten sich *Söldner* als Soldaten. Selbst bei den Offizieren war die Herkunft nicht von Belang. Bestes Beispiel dafür ist der erfolgreichste Feldherr der Habsburger: der Italiener französischer Abstammung Prinz Eugen von Savoyen (1663–1736). Er stoppte die Türken vor Wien und war der schärfste Gegner von Frankreichs König Ludwig XIV. Dokumente unterschrieb er in drei Sprachen: *Eugenio* (Italienisch) *von* (Deutsch) *Savoie* (Französisch). Die Habsburger-Familie herrschte von Böhmen bis Burgund, von Sizilien über Spanien, von der Toskana bis Lothringen.

Söldner werden fürs Kämpfen in Kriegen bezahlt. Ihnen ist es egal, für oder gegen welches Land sie Waffen tragen.

Am eifrigsten knüpfte die ungekrönte Habsburger-„Kaiserin" Maria Theresia (1717–1780, der Kaiser war ihr Mann) politische Familienbande: Sie vermählte ihre Kinder kreuz und quer über den Kontinent und wurde deshalb „Schwiegermutter Europas" genannt. Auch Preußen-König Friedrich der Große versuchte, sich als Kuppler Konkurrenz vom Hals zu halten. Er diente Russland die Deutsche Sophie von Anhalt-Zerbst als Gemahlin für den künftigen Zaren an. Er konnte ja nicht ahnen, dass er dem Zaren mit der kleinen Sophie seine später erbittertste Gegnerin ins Ehebett legte: Aus ihr wurde Katharina die Große. Und die vergrößerte Russlands Macht.

Gnade dem König, oder gnade uns Gott! Wem dient der Staat?

Auch wenn sich Europa bekriegte: Wissensdurst und Forscherdrang kennen keine politischen Schranken. Im 18. Jahrhundert tauschten sich die Gelehrten über alle Grenzen hinweg aus.

Intellektuelle (von lat. intellegere = erkennen, verstehen) sind Verstandesmenschen: Sie versuchen, die Welt durch Nachdenken zu erklären und zu verstehen.

Dieser Abschnitt der Geschichte wird Aufklärung genannt. Neu entdeckte Naturgesetze erklärten die Welt, und dieses Wissen klärte auf. Der Glaube, hinter allem stecke Gott allein, wankte. Die *Intellektuellen* stellten die Regeln und Wahrheiten der Kirche in Frage – und legten so die Axt an das Fundament, auf dem seit dem Mittelalter die Macht der weltlichen Herren stand. Die frei denkenden Menschen stritten vermeintlich von Gott gewollte Vorrechte ab. Für wen und was gab es so etwas wie Staat? Was waren Volk und Gesellschaft? Statt auf die Macht Einzelner kam es doch auf das Wohlergehen aller Menschen an! Also hatten „die da oben" kein Recht, über die „unten" zu herrschen. Die Erkenntnis wuchs, dass jedem Menschen das gleiche Recht auf Glück und Leben zustand.

Das Wort Demokratie kommt aus dem Griechischen und heißt Herrschaft des Volkes.

Auf dieselben Fragen hatten 2 000 Jahre zuvor schon die Griechen Antworten gesucht – das Ergebnis war die Staatsform der *Demokratie*. Die Not leidenden Franzosen setzten dort wieder an und nahmen ihre Geschicke selbst in die Hand: Mit der Französischen Revolution stürzten sie 1789 den König und setzten eine Nationalversammlung ein. Im fernen Amerika hatten ihnen die Nachfahren der aus Europa eingewanderten Siedler 13 Jahre zuvor Ähnliches vorgemacht und die britischen Kolonialherren verjagt. Die Amerikaner schrieben die Menschenrechte nieder. Die Franzosen forderten „liberté, egalité, fraternité" – Freiheit, Gleichheit, Brüderlichkeit. Wieder brach in Europa eine neue Epoche an.

Frankreichs Volk hat mit der Revolution von 1789 den Absolutismus hinweggefegt. Und Europa? Die Menschen hofften auf Napoleon, denn der versprach den Völkern Freiheit – aber nach seiner Fasson.

Fluch oder Segen – was brachte uns Napoleon?

Die Franzosen hatten ihre Rechte in einer Verfassung festgeschrieben. Sie erklärten sich zur Nation. Der Adel war abgeschafft, die Folter verboten. Der neue Staat wurde nach antikem Vorbild *Republik* genannt. Doch bald zerstritten sich die Revolutionäre, ihre Regierung schränkte die Freiheit wieder ein. Kritiker und Gegner wurden mit der eigens erfundenen Guillotine hingerichtet. Ein zum Tode Verurteilter brachte dieses Geschehen auf den Punkt: „Die Revolution frisst ihre Kinder."

Republik kommt von res publica (lat.), was öffentliche Sache heißt und Staatsgewalt meint.

Dann kam Napoleon Bonaparte (1769–1821): Der gebürtige Korse kämpfte in der Revolutionsarmee und wollte die Freiheit nach ganz Europa tragen. Er fasste die Bürgerrechte in Gesetze. Die Menschen der Nachbarstaaten hofften auf ihn. Er entriss dem österreichischen Kaiser die Krone und setzte sie sich dann selber auf. 16 südwestdeutsche Fürstentümer schlossen sich zum Rheinbund zusammen und dem Franzosen an. Der überzog Europa mit Krieg. Aber bald schon zeigte sich, dass es ihm mehr um die eigene Macht als um die Befreiung der Völker ging. Erst in Moskau wurde sein Heer aus Franzosen, Preußen, Polen, Portugiesen, Sachsen, Spaniern, Bayern, Belgiern, Italienern, Kroaten, Schweizern und Dänen geschlagen. Fast zwei Millionen Menschen starben wegen Napoleon. Er wurde gestürzt und verbannt. Und doch blieb uns etwas von ihm: das erste Gesetzbuch, das die Rechte der Bürger festhielt – der *Code Napoleon.*

Auf dem von Napoleon verfassten Gesetzesbuch, dem Code civile oder Code Napoleon, fußt noch heute das Recht der europäischen Bürger und unser Bürgerliches Gesetzbuch, das BGB.

Wie setzten Wien und Berlin die Welt in Brand?

Nach dem Sieg über Napoleon setzten England, Österreich, Preußen, Russland und Frankreich ihre Fürsten wieder ein. Sie versuchten, die Macht in Europa untereinander in Balance zu halten. Doch der Frieden währte nicht lang.

Einmal errungene Freiheiten gibt niemand gern wieder auf. Den Völkern Europas ging das im 19. Jahrhundert nicht anders. Nur mit Unterdrückung und Gewalt konnten die Fürsten und Könige ihre Untertanen an der Kandare halten. Die Völker wollten haben, was die Franzosen schon hatten: jedes seine eigene Nation. In Deutschland schlossen sich zwar 41 Kleinstaaten zum Deutschen Bund zusammen. Das aber war noch nicht der Nationalstaat, nach dem sich die Deutschen sehnten. Die Franzosen setzten ihren König wieder ab.

Ihre Revolution schlug im Nachbarland Funken.

Die Fürsten erließen Länderverfassungen, aber erst 1848 wurden endlich nach blutigen Revolten Grundrechte für alle Deutschen festgeschrieben: 1848 war das Jahr, in dem es die erste nationale Verfassung gab. Gleichzeitig trat in der Frankfurter Paulskirche die erste Nationalversammlung zusammen, die aber nur den oberen Ständen, Adel, Grundbesitzern und Beamten, Sitz und Stimme gab. Frauen und Arbeiter hatten nichts zu sagen. Das Parlament löste sich bald wieder auf, und Preußens König schrieb die Verfassung zu seinen Gunsten um.

Italien erkämpfte sich unterdessen ein eigenes Königtum und wurde zum Einheitsstaat. Auf dem Balkan wollten sich die Slawen von der österreichisch-ungarischen Doppelkrone befreien. Großbritannien war derweil durch seine Kolonien zur Weltmacht aufgestiegen, der Rest der Welt unter Europas Herrschern verteilt.

Die Industrialisierung hatte die Menschen zu Sklaven von Maschinen gemacht. Selbst Kinder hatten in den Fabriken einen Sechzehnstundentag. Und doch blieb das Volk bettelarm. Es rumorte an allen Ecken und Enden.

Die Regierung in Berlin forderte für den König die Kaiserkrone. Im Norden legte sich Preußen wegen Schleswig-Holstein mit Dänemark an. Dann bekämpften sich Preußen und Österreich wegen der Verwaltung des nördlichsten deutschen Landes. Und schließlich geriet sich Berlin wegen Spanien erneut mit den Franzosen in die Haare. Die Deutschen gewannen diesen Krieg und bereiteten den Franzosen eine besondere Schmach: Ausgerechnet in deren Krönungsstadt Versailles ließ sich Preußens König Wilhelm I. zum Kaiser machen. Mit dem Norddeutschen Bund der Länder nördlich des Mains gründete die Regierung in Berlin den ersten deutschen Einheitsstaat.

Der nächste Kaiser, Wilhelm II., zeigte ungeniert seine Machtgelüste: Er rüstete seine Schiffe zur Kriegsflotte auf. Europa sah es mit Bangen. Der Balkan war inzwischen zum Pulverfass geworden, das 1914 explodierte: In Sarajevo erschoss ein bosnischer Student das österreichische Thronfolgerpaar. Gemeinsam marschierten Österreicher und Deutsche in Serbien ein. Dagegen schlossen Russland, Frankreich und England eine Allianz, der bald das Osmanische Reich, Palästina, Italien und schließlich die ganze Welt zu Hilfe kam. Auf den anderen Kontinenten schlugen sich die Soldaten in den Kolonien ihrer jeweiligen europäischen Herren die Schädel ein. Nicht nur Europa war zum Schlachtfeld um die Macht geworden. Die Amerikaner griffen ein. Damit war dieser Krieg vollends zum Ersten Weltkrieg geworden. Es dauerte fünf Jahre, bis er entschieden war.

Der Erste Weltkrieg war der erste mit modernen Waffen geführte Krieg. Er forderte Millionen von Toten.

Im Friedensvertrag von Versailles wurde Deutschland 1919 zum Kriegsschuldigen erklärt und dazu verurteilt, die materiellen Schäden zu bezahlen.

Wie lehrte Europa die Menschheit das Grauen?

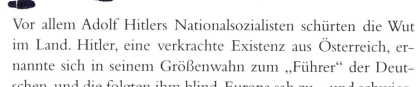

Für viele Deutsche war der Versailler Friedensvertrag eine „Kriegsschuldlüge". Zwar wurde Deutschland 1919 zur demokratischen Weimarer Republik. Aber radikale Parteien bekämpften sie wegen des „Schanddiktats" der Siegermächte.

Vor allem Adolf Hitlers Nationalsozialisten schürten die Wut im Land. Hitler, eine verkrachte Existenz aus Österreich, ernannte sich in seinem Größenwahn zum „Führer" der Deutschen, und die folgten ihm blind. Europa sah zu – und schwieg. Hitler stachelte ein ganzes Volk zum Hass auf Juden und Andersdenkende an und redete den Deutschen ein, von auserwählter „Rasse" zu sein, der es an Platz zum Leben fehle. Er hetzte die Deutschen auf, sich diesen „Lebensraum" im Osten zu holen. 1939 überfiel die Wehrmacht Polen. Wenig später war der Zweite Weltkrieg entbrannt.

Mit Hitlers Wahl zum Regierungschef war 1935 ein ganzes Volk in längst überwunden geglaubte Barbarei zurückgefallen.

Allein sechs Millionen Juden zahlten mit ihrem Leben für den deutschen (Rassen-)Wahn. 1945, am Ende des Zweiten Weltkriegs, hatte Deutschland 60 Millionen Soldaten und Zivilisten ins Grab gebracht, 20 Millionen Menschen hatten ihre Heimat verloren, und elf Millionen waren zu Kriegsgefangenen geworden. Danach war in Europa alles anders: Es war geteilt in Ost und West, die Grenze verlief mitten durch Deutschland. Der Westen verpflichtete sich der Demokratie. Dessen Siegermächte Frankreich, England und die USA nahmen Westdeutschland unter ihre Kontrolle und erzogen die Menschen dort von willfährigen Untertanen einer verbrecherischen Diktatur zu Freiheit und Parlamentarismus um. Über Osteuropa herrschte die sozialistische Sowjetunion. Europa war in zwei verfeindete Blöcke zerfallen.

Nie wieder Krieg! Wer erfand die Gemeinschaft des Friedens?

„Der Tag wird kommen, an dem ein Krieg zwischen Paris und London, zwischen Petersburg und Berlin, zwischen Wien und Turin unmöglich erscheinen wird." Dieser Satz fiel fast hundert Jahre vor Europas größter Katastrophe.

Der französische Schriftsteller und Abgeordnete Victor Hugo äußerte diese Vision 1849 auf einem *Pazifisten*kongress. Erst waren es Außenseiter wie er, die den Traum von einem vereinten Europa träumten. Dieser Traum war erwachsen aus den Ideen der Revolutionen von 1848: dem Glauben an Demokratie und Gerechtigkeit für alle Menschen, zu der das Recht auf Leben und Frieden gehörte. Wer für diese Gerechtigkeit kämpfte, für den musste auch Krieg ein Verstoß gegen die Menschlichkeit sein. Daraus entwickelte Hugo die Vision, die Völker zu verbünden, um so zu verhindern, dass ein Streit zwischen derart verbrüderten Staaten in Gewalt umschlug. Gelingen kann das aber nur, wenn einer den anderen achtet – wenn Völker sich als Familie verstehen. Dort vertraut einer dem anderen, selbst wenn es Meinungsverschiedenheiten gibt.

Hugo träumte von einer europäischen Identität, in der sich jeder auch für den anderen verantwortlich fühlt. Er war überzeugt davon, dass es für jeden einzelnen Staat der beste Selbstschutz ist, auch den Bruder und Nachbarn vor Schaden zu bewahren. Fast hundert Jahre später lag Europa nach dem Zweiten Weltkrieg zum zweiten Mal in Trümmern. Der britische Staatsmann Winston Churchill griff 1946 Hugos Idee wieder auf. Zwei Jahre später diskutierten in Den Haag tausend Politiker, Gewerkschafter, Intellektuelle und Industrielle aus 27 Ländern darüber und versprachen: „Nie wieder Krieg!"

Pazifisten (von lat. pax = Frieden) werden Menschen genannt, die davon überzeugt sind, dass Konflikte nicht mit Gewalt gelöst werden können. Die Friedensbewegung begann Anfang des 19. Jahrhunderts, sich zu organisieren.

1949 gründeten zehn Staaten den Europarat. Das war der erste Schritt auf dem Weg zum Völkerfrieden.

Ab jetzt wird aufgepasst!

Schau mir auf die Finger! Was ist der Europarat?

Was macht ihr, wenn sich eure Klasse zerstritten hat? Ihr wisst, dass ihr auch künftig miteinander leben und auskommen müsst. Also überlegt ihr, wie ihr euch versöhnen und Konflikte in der Zukunft friedlich lösen könnt.

In einer **Diktatur** hat nur einer – in diesem Fall war es die kommunistische Partei – das Sagen. In Demokratien bestimmt das Volk die Politik durch von ihm gewählte Vertreter.

Heute hat der Europarat 46 auch außereuropäische Mitglieder. Japan, Kanada, Mexiko und die USA gehören ihm als Beobachter an.

Nichts anderes geschah 1948 im niederländischen Den Haag. Dort trafen sich drei Jahre nach dem Zweiten Weltkrieg über tausend nachdenkliche Leute aus 27 Staaten. Damit begann die Geschichte des ersten europäischen Friedensbündnisses. Nach 1945 war der Kontinent durch den „Eisernen Vorhang" in Ost und West (siehe Seite 14) geteilt. Der Ostblock stand unter Vorherrschaft der *diktatorischen* Sowjetunion. Gegen die wollten die Demokratien des Westens zusammenhalten. Zehn Staaten machten ein Jahr später Nägel mit Köpfen: Am 5. Mai 1949 gründeten Belgien, Frankreich, Luxemburg, die Niederlande, Großbritannien, Irland, Italien, Dänemark, Norwegen und Schweden den Europarat. Er sollte aus den Kriegstrümmern das Erbe der gemeinsamen Geschichte ausgraben. Und wollte herausfinden, welche Werte und Interessen die europäischen Völker verbanden, um die Zukunft zusammen und vor allem friedlich zu gestalten. Als wichtigstes Ziel setzte sich der Europarat, die Menschenrechte zu wahren sowie stabile Demokratien aufzubauen. Die Zehn versprachen, sich gegenseitig auf die Finger zu schauen und zu kontrollieren, ob jeder von ihnen die Würde der Menschen wahrt. Der Europarat setzte ein Ministerkomitee ein, eine Versammlung ständiger Vertreter und eine parlamentarische Versammlung. In diese Versammlung schickte jedes Land Abgeordnete aus seinem nationalen Parlament. Ein solches übernationales Gremium hatte es noch nie gegeben.

Auf dem Schulhof wurde ein Junge zusammengeschlagen. Keiner hat sich den Angreifern in den Weg gestellt, keiner dem Opfer geholfen. Das darf sich nicht wiederholen. Ihr vereinbart, künftig aufzupassen und einander beizustehen.

Mensch, du hast Recht(e)! Wie sichert Europa sie ab?

Ihr einigt euch auf Mindestrechte, die jeder hat, und darauf, wie ihr sie wahren und Unrecht schon in seinen Anfängen verhindern könnt. Das funktioniert nicht nur in der Schule, sondern in allen Gemeinschaften, auch in und zwischen Staaten. Europas Länder mussten sich nach den Gräueln der Hitler-Diktatur zwischen 1935 und 1945 schon auch fragen lassen, warum keiner den nationalsozialistischen Nachbarn rechtzeitig in den Arm gefallen war. Deutschland hatte sich ja nicht erst mit der Katastrophe des Zweiten Weltkriegs, sondern schon vorher an seinen Bürgern schuldig gemacht: Die Nazis verfolgten und töteten Juden und Angehörige anderer Minderheiten und politischer Überzeugungen. Eine eigene Menschenrechts*konvention* wurde deshalb zum Herzstück des Europarats. Diese Europäische Menschenrechtskonvention trat 1953 in Kraft. Jeder Staat, der in den Europarat will, muss sich ihr unterwerfen. Er ist verpflichtet, den Menschen bestimmte Rechte zu garantieren – wie das Recht auf Leben, Freiheit, faire Gerichtsverfahren, den Schutz des Privat- und Familienlebens, den Schutz vor Folter, unmenschlicher Behandlung und Zwangsarbeit, das Recht auf Meinungs- und Religionsfreiheit sowie Gleichberechtigung. Dies alles steht zwar auch in der Menschenrechtserklärung der UNO, die die Vereinten Nationen schon 1948 verabschiedet hatten. Neu war, dass die europäische Konvention den Europarat von Anfang an verpflichtet hat, Verstöße zu bestrafen.

Eine **Konvention** (von lat. conventio = Übereinkunft) ist ein völkerrechtlicher Vertrag, der das Miteinander von Staaten regelt.

Seit 1999 hat der Europarat einen eigenen Menschenrechtskommissar. Er berät die Staaten in Fragen der Menschenrechte.

Was machen Ministerkomitee und Parlamentarische Versammlung?

Die Außenminister der Mitgliedsstaaten treffen sich regelmäßig einmal im Jahr. Dazwischen nehmen ihnen die ständigen Vertreter in Straßburg die Arbeit ab. Die Parlamentarische Versammlung wird das „Gewissen Europas" genannt.

Das Ministerkomitee ist das wichtigste Entscheidungsgremium im Europarat. Es verabschiedet neue Konventionen, die häufig die Parlamentarische Versammlung angeregt hat. Das Komitee überwacht, ob sich die Mitgliedsstaaten an die Abkommen halten, und passt auf, dass alle die Menschenrechte beachten. Die Minister besprechen bei ihren Treffen, ob und wie Europa insgesamt auf neue Herausforderungen reagieren kann. Immer stehen dabei die Menschenrechte im Mittelpunkt.

Die Parlamentarische Versammlung besteht aus 315 Abgeordneten und ebenso vielen Stellvertretern, pro Staat je nach Größe zwischen zwei und 18.

Die Parlamentarische Versammlung wird das „demokratische Gewissen" Europas genannt: Als zum Beispiel vor einigen Jahrzehnten Militärs in Griechenland die Macht an sich gerissen hatten, erwog die Parlamentarische Versammlung, das Land aus dem Europarat auszuschließen. Gerät in einem Staat die Demokratie in Gefahr oder bedroht ein Streit zwischen zweien den Frieden, versuchen die Minister und Abgeordneten des Europarats, zu vermitteln und einen Ausweg zu finden.

Die Parlamentarische Versammlung verknüpft die Arbeit von Europas nationalen Parlamenten. Dort tauschen sich die Abgeordneten über die politischen Herausforderungen in ihren Heimatländern aus. Vieles betrifft ja nicht nur ein Land. Gefahren wie zum Beispiel die Krankheit Aids oder Drogen kennen keine Grenzen. Es nutzt nichts, wenn nur einer etwas dagegen macht. Bei solchen Problemen überlegt der Europarat, wie die Gemeinschaft dagegen vorgehen kann.

Ein geschiedener Vater möchte sein Kind öfter sehen. Doch vor deutschen Gerichten blitzt er mit seiner Klage ab. Ein anderer sitzt im Gefängnis und fühlt sich schlecht behandelt. Ein Dritter wartet seit Jahren auf einen Prozess.

Auf nach Straßburg! Was ist der Europäische Gerichtshof für Menschenrechte?

Alle drei Bürger sehen sich in ihren Grundrechten verletzt: der eine, weil jede Mutter, jeder Vater Anrecht auf Umgang mit den eigenen Kindern hat. Der andere, weil auch ein Sträfling ein Mensch ist, dessen Würde niemand antasten darf. Der dritte, weil ein Bürger innerhalb angemessener Zeit von Gerichten und Behörden Klarheit über sein Recht erwarten kann. Unsere drei fühlen sich von ihren Staaten im Stich gelassen. Deshalb „gehen" sie nach Straßburg. In der französischen Stadt sitzt der Europäische Gerichtshof für Menschenrechte. Weil sich's schneller sprechen lässt, ist oft salopp einfach von „Straßburg" die Rede. Der Gerichtshof ist das Instrument, mit dem der Europarat untersucht, ob ein Staat die Menschenrechtskonvention (siehe Seite 33) verletzt hat. Dort darf jeder auf Hilfe hoffen, der glaubt, ein Staat habe eines seiner Grund- oder Menschenrechte missachtet. Dort kann jeder klagen, auch Menschen wie du und ich. Die Richter – es sind genauso viele wie der Europarat Mitglieder hat – prüfen als Erstes, ob ein Fall tatsächlich die Grund- oder Menschenrechte berührt. Wenn ja, wird er verhandelt. Bekommt der Kläger recht, muss der beklagte Staat sein Verhalten ändern und den Schaden wiedergutmachen. Die Zahl der Beschwerden in Straßburg ist in den letzten Jahren gewaltig gestiegen. Kein anderes Gericht der Welt räumt den einzelnen Menschen so viel Klagerechte ein wie der Straßburger Gerichtshof.

Die Straßburger Richter sind unabhängig von ihrem Herkunftsstaat. Die Parlamentarische Versammlung wählt sie für je sechs Jahre, wobei alle drei Jahre immer die Hälfte ausgetauscht wird.

Arbeit, Familie und Feiertag – was schützt die Europäische Sozialcharta?

Jeder Mensch hat ein Recht darauf, sich den Lebensunterhalt durch eine angemessen bezahlte Arbeit zu verdienen. Klappt das nicht, hat der Staat eine Fürsorgepflicht. Vielleicht sagst du jetzt: „Das ist doch selbstverständlich!"

Für uns ist es normal, dass uns ein soziales Netz umgibt. Dass Tarifverträge regeln, wer wofür welchen Lohn bekommt. Dass die Regierung versucht, durch ihre Politik dazu beizutragen, dass jeder Arbeit finden kann. Aber das ist nicht überall so. Wir alle kennen die Bilder aus den armen Ländern der Welt von hungernden Menschen, von Elendsvierteln und großer Not. Auch bei uns gibt es Bettler und Obdachlose. Verhungern aber muss keiner. Der Staat und von ihm unterstützte wohltätige Organisationen unterhalten Obdachlosenasyle und andere Einrichtungen, die helfen, wenn ein Mensch in Not gerät.

Charta heißt eigentlich Karte. So werden staatliche Verträge und Dokumente genannt.

In der Europäischen Sozial*charta* bekennen sich die Staaten des Europarats zu dieser Fürsorgepflicht. In dieser Charta sind 19 soziale und wirtschaftliche Rechte der Bürger aufgelistet, von denen jeder Mitgliedsstaat mindestens zehn garantieren muss. Dazu gehören das Recht auf Arbeit und einen gesunden Arbeitsplatz, auf gerechten Lohn und auf Streik, das Recht auf soziale Fürsorge des Staates, das Arbeitsverbot für Kinder unter 15 Jahren, der besondere Schutz von Jugendlichen am Arbeitsplatz, das Recht auf Ausbildung, auf bezahlten Urlaub und Feiertage und der wirtschaftliche Schutz von Familien. Alle zwei Jahre überprüfen Experten, ob diese Sozialcharta eingehalten wird, und erstellen für jedes Mitgliedsland einen Bericht. Kommt ein Land seinen Pflichten nicht nach, gibt der Rat eine Empfehlung, wie das künftig besser klappen kann.

Gewalt gegen Minderheiten, aus-
länder- oder judenfeindliche Sprü-
che, Spott gegen Andersdenkende:
Fällt dem Europarat auf, dass in
einem Staat Menschen einander
missachten, schickt er seine Auf-
passer in dieses Land.

Wer setzt Multikulti auf den Stundenplan?

Die Europäische Kommission gegen Rassismus und Intoleranz
(ECRI) passt auf, dass die Mitgliedsstaaten auch die Menschenrechte von Minderheiten achten. Wenn nicht, setzt sie Kontrol-
leure in Gang. Auch Deutschland war schon einmal dran. Weil
immer öfter Ausländer angegriffen wurden, sah sich die ECRI
näher an, was da los war. Die ECRI forderte die Bundesrepub-
lik unter anderem auf, die Arbeit der Ausländerbeauftragten
und -beiräte weiter auszubauen. Den Kultusbehörden, die für
die Schulen zuständig sind, empfahl sie, ein Unterrichtsfach
Menschenrechte einzuführen und mehr multikulturelle Themen auf die Lehrpläne zu setzen. Die Medien wurden ermahnt, aufmerksamer darauf zu achten, dass Ausländer oder
Andersgläubige in Berichterstattung und Wortwahl nicht anders als Deutsche behandelt und dargestellt werden.

Besonders setzt sich der Europarat für nationale Minderheiten ein und schützt deren Traditionen und Eigenarten wie zum
Beispiel die Sprache. Dabei geht es nicht um Folklore, sondern
darum, dass jeder Mensch seine Identität bewahren kann. So
protestierte der Rat, als den Kurden in der Türkei ihre Sprache oder den Schulen im italienischen Südtirol Deutschunter-
richt für die österreich-stämmigen Kinder verboten waren. In
Deutschland haben die Sorben den Europaratskonventionen zu
verdanken, dass man noch heute auf den Ortsschildern die Namen ihrer Dörfer in ihrer Sprache lesen kann.

Was machen die Straßburger auf dem Fußballplatz?

Wer Fußball spielt, muss sich an Regeln halten und weiß, wie wichtig Fairness, Teamgeist und Rücksichtnahme sind. All das sind Eigenschaften, die Voraussetzung für das Zusammenspiel und Funktionieren von Demokratien sind.

Vor allem im Mannschaftssport werden diese Tugenden eingeübt. Deshalb schlägt für ihn das Herz des Europarats. Als erstmals Hooligans die Fußballspiele störten, stellten die Straßburger mit einer Charta gegen Gewalt beim Sport Regeln auf, die helfen, schon im Vorfeld den Frieden unter den Fans zu wahren. Im kriegsgeschädigten Aserbaidschan lud der Europarat junge Leute aus verfeindeten Gruppen zu Sommercamps ein. Gemeinsam wurden sie dort zu Trainingsleitern für Sportmannschaften ausgebildet, um sich nicht nur auf dem Rasen, sondern auch von Mensch zu Mensch friedlich näherzukommen.

In einigen Ländern gibt es regionale Europa-Zentren speziell für die Jugend.

Aber nicht nur mit „Sport für alle" setzt sich der Europarat für das Miteinander von jungen Leuten aus verschiedenen Nationen und Bevölkerungsgruppen ein. In den Europäischen Jugendzentren in Graz, Straßburg und Budapest können Heranwachsende aus aller Herren Länder gemeinsam neue Sprachen lernen oder sich zu Jugendleitern ausbilden lassen. Dort werden Ideen geboren und diskutiert, wie Europa sich besser der Themen annehmen kann, die euch auf den Nägeln brennen. Und wenn du das nächste Mal im Kino sitzt, kann es sein, dass dir Europa über die Schulter schaut: Mancher Film würde es ohne Geld aus Straßburg gar nicht bis auf die Leinwand schaffen. Viele internationale Gemeinschaftsproduktionen werden von dort mitfinanziert, weil sich Europa auch im Kino besser kennenlernen kann.

Manche Jugendliche fangen schon beim Wort Politik an zu gähnen. Dabei seid ihr besonders wichtig, wenn es um die Demokratie in Europa geht. Schließlich geht es um eure Zukunft. Der Europarat nimmt ernst, was ihr denkt und sagt.

Europa hört hin: Was hat die Jugend zu sagen?

Im Jahr 2004 wurde in Straßburg eine „Europäische Charta für eine demokratische Schule ohne Gewalt" verfasst. Das Besondere daran: Nicht Politiker haben sie geschrieben, sondern die, um die es darin geht: Jugendliche, Schüler und Studenten aus 19 europäischen Staaten. 120 Schulen aus ganz Europa beteiligten sich an diesem Projekt. In dieser Charta steht unter anderem, dass jeder in der Schule das Recht auf Respekt und Gleichbehandlung hat, dass bei wichtigen Fragen, die das Schulleben betreffen, ein demokratisch gewähltes Gremium aus Schülern, Eltern und Lehrern mitreden und mitentscheiden soll, dass jede Schule Streitschlichter braucht, Gewalt verboten ist und sofort bestraft werden muss.

Eine extra Charta für Schulen fordert diese auf, das Leben in ihren Gemeinden mitzugestalten.

Um junge Leute für Europa zu interessieren und darüber zu informieren, schreiben der Rat und seine nationalen Büros regelmäßig internationale oder nationale Wettbewerbe für Kinder und Jugendliche zu Fragen rund um das Thema Europa und Menschenrechte aus. In Deutschland gibt es zum Beispiel jedes Jahr unter dem Stichwort „Europäischer Wettbewerb" Reisen in die Regierungshauptstadt Berlin, in die Europaratsstadt Straßburg oder zu Jugendkonferenzen zu gewinnen (www.europaeischer-wettbewerb.de). Andere Aktionen und Angebote des Europarats findet ihr auf Deutsch unter dem Link „Bildung, Kultur, Jugend und Sport" der website www.coe.int.

Die internationale Bezeichnung des Europarats ist Council of Europe. Deshalb ist die offizielle Abkürzung COE. Die internationale Web-Adresse zum Thema Jugend und Sport des Europarats (auf Englisch und Französisch) ist: www.coe.int/youth

Ein zahnloser Tiger? Wieso tut's dann weh, wenn er beißt?

Der Europarat hat die Grenzen des Kontinents längst gesprengt. Doch sein Einfluss hat Grenzen. Menschenrechte und Demokratie durchzusetzen ist eine mühsame Sache. Die Stärke des Rats ist, dass er trotzdem nicht lockerlässt.

Kritiker nennen den Europarat manchmal einen zahnlosen Tiger, weil er zwar bedrohlich knurren, aber nicht wirklich zubeißen kann. Er kann keinen Staat dazu zwingen, sich an die Grund- und Menschenrechte zu halten. Er kann bestenfalls mahnen und anprangern, wenn sich ein Mitglied nicht an die demokratischen Spielregeln hält. Seine schlimmste „Strafe" ist ein Rausschmiss. Doch was wäre damit erreicht? Dass Europa dann gar keinen Einfluss mehr auf ein solches Land hat.

Deshalb ist es immer besser, überhaupt im Gespräch zu bleiben.

Du weißt ja: Steter Tropfen höhlt den Stein. Solche „Tropfen" bekam zum Beispiel Russland zu spüren: Es wurde 1996 Mitglied des Europarats, hat damals aber entgegen der Menschenrechtskonvention die Todesstrafe offiziell nicht abgeschafft. Oder die Türkei: Sie ist bereits seit über 50 Jahren Mitglied, obwohl sie wegen Menschenrechtsverletzungen am Pranger stand, immer wieder gegen die Meinungsfreiheit verstoßen oder Zwangsheiraten nicht verhindert hat. Das hat auch die Verhandlungen der Europäischen Union (siehe Seite 122 f.) mit dem Land am Bosporus über einen Beitritt so schwer gemacht.

Durch Europarat und EU nimmt die demokratische Gemeinschaft manche Länder von zwei Seiten in die Zange. Der

Europarat hat auch auf nichteuropäische Staaten große Anziehungskraft: Ihm gehören Länder wie Aserbaidschan und Armenien an. Inzwischen hat er 46 Mitglieder (Stand 2007). Kanada,
Japan, Mexiko, Israel und die USA haben ständige Beobachter
in Straßburg. Die Welt weiß längst, dass ein friedliches Zusammenleben auf Dauer ohne die Menschenrechte nicht zu haben
ist. Zum „Tiger" macht den Europarat, dass er nicht lockerlässt,
wenn er sich erst mal in ein Thema verbissen hat: Er hat zum
Beispiel aufgedeckt, dass der amerikanische Geheimdienst CIA
in seinem „Anti-Terror-Krieg" gegen islamistische Gewalttäter
Menschen entführt und in geheimen Gefängnissen in Europa
festgehalten hat. Damit haben nicht nur die USA, sondern auch
die Staaten Europas, die davon wussten, Menschenrechte verletzt. Der Europarat hat dafür gesorgt, dass dieser Verstoß aufge-
klärt wird: Auf sein Drängen hin forderte auch die Europäische
Union von den beteiligten Staaten Rechenschaft. Denn auch
in der EU geht es um mehr als um Handel und Wirtschaft:
Über Demokratie und Menschenrechte sind der Europarat und
die EU eng miteinander verzahnt.

**Das Gebäude
des Europarats
in Straßburg**

Der Weg zur Union

Frieden schmieden mit Kohle und Stahl: Wie begann der Weg zur Union?

Wer Waffen schmieden will, der braucht Kohle und Stahl: Kohle schürt Feuer, um Stahl zu schmelzen, der dann zu Gewehren und Panzern gegossen wird. Deutschland und Frankreich schmiedeten aus Kohle und Stahl etwas anderes.

Nach dem Ersten Weltkrieg gründeten die Siegermächte und viele neutrale Staaten 1920 den Völkerbund. Er sollte den Frieden sichern. Die Vereinten Nationen lösten den Völkerbund später ab.

Zölle kassiert der Staat auf Produkte aus dem Ausland, um die heimische Ware vor Konkurrenz zu schützen.

Die beiden Rohstoffe wurden zum ersten Baustein der Europäischen Union. Ohne Kohle und Stahl gibt es keine Waffen. Ohne Waffen kein Krieg. Ohne sie gibt es aber auch keine Maschinen und damit keine Industrie. Deshalb waren Bergbauregionen in Kriegen immer besonders umkämpft. Die Gebiete an der Grenze zwischen Frankreich und Deutschland bekamen das mehrfach zu spüren.

Nach dem Zweiten Weltkrieg wurde die Bergbau- (oder auch Montan-) Industrie zum Schlüssel für den Frieden. Der Franzose und frühere Vizepräsident des *Völkerbundes* Jean Monnet hatte bereits 1945 vorgeschlagen, die Kohle- und Stahlproduktion der beiden Länder aneinanderzuschmieden. Der französische Außenminister Robert Schuman griff die Idee fünf Jahre später wieder auf. Er schlug Deutschland vor, Produktion, Vermarktung und Verkauf dieser beiden Rohstoffe unter die Aufsicht einer gemeinsamen „Hohen Behörde" zu stellen. Diese Behörde sollte zugleich die Produktion modernisieren und die Arbeitsbedingungen der Bergleute und Stahlwerker verbessern. Außerdem gingen die beiden Länder eine *Zoll*union ein, verzichteten also gegenseitig auf Einfuhr-Abgaben. Die „Hohe Behörde" mit unabhängigen Experten wurde zur ersten europäischen Kommission (siehe Seite 74 f.). Schuman wollte Deutschland außerdem mit der Montanunion wirtschaftlich in das Nachkriegseuropa einbinden. Ähnlich wie beim Europarat (siehe Seite 32 ff.) teilten sich ein Ministerrat und eine gemeinsame Versammlung aus 78 Abgeordneten die Arbeit in der Union. Aus der Versammlung wurde später das Europäische Parlament (siehe Seite 68 ff.).

Schuman hatte noch größere Pläne: Er träumte von einem Vereinten Europa nach dem Vorbild der USA. Die Überlegung dabei war, dass Staaten, die wirtschaftlich voneinander abhängig sind, sich vertragen müssen. Kommt es doch mal zum Streit, würden sie ihn mit friedlichen Mitteln lösen. Denn jeder Krieg würde ja auch dem Angreifer schaden. Diese Idee trug Schuman am 9. Mai 1950 auf einer Pressekonferenz in Paris vor.

Mit der Montanunion wurde Deutschland trotz seiner Kriegsschuld politisch eingebunden statt abgestraft. Mit dem Schuman-Plan begann ein neues Kapitel Politik.

Deshalb ist der 9. Mai Europatag.

Gleichzeitig lud der Franzose die anderen Europäer ein, sich an dieser Wirtschafts*konföderation* zu beteiligen. Tatsächlich schlossen sich Italien, die Niederlande, Belgien und Luxemburg den Franzosen und Deutschen an. Am 18. April 1951 gründeten diese sechs die Europäische Gemeinschaft für Kohle und Stahl. Am 25. Juli 1952 nahm diese EGKS ihre Arbeit auf. Leichter über die Lippen geht ihr anderer Name: Montanunion.

Eine Konföderation ist ein Staatenbündnis, das gemeinsame politische Ziele verfolgt.

Nach der Unterzeichnung des Schuman-Plan-Vertrages 1952 in Paris (4. von rechts: Robert Schuman, 3. von rechts: Bundeskanzler Konrad Adenauer)

Einer wird gewinnen! Wer siegte in der EWG?

Als deine Eltern Kinder waren, hieß ein beliebtes Fernsehquiz „Einer wird gewinnen". Es wurde scherzhaft EWG genannt. Eine EWG gab es auch: die Europäische Wirtschaftsgemeinschaft. In ihr sollte es nur Sieger geben.

Warst du schon mal in einem Land, in dem es keinen Euro gibt? Dann hast du erlebt, wie lästig es ist, vor jedem Einkauf mühsam umrechnen zu müssen, was der gewünschte Artikel in Euro kostet. Auch in Europa gab es früher so viele Währungen wie Staaten. Die EWG war der erste Schritt dorthin, das zu ändern. Sie war das nächste Ziel der sechs Gründerstaaten der Montanunion (siehe Seite 44 f., 47, 50): Die wollten einander das gesamte Wirtschaftsleben einfacher machen. Wie bei Kohle und Stahl sollten auch für andere Waren die Zölle unter den Mitgliedsstaaten fallen und die Grenzen für Güter, Geld, Arbeit und Menschen durchlässiger werden. Dazu musste aber auch jede einzelne nationale Währung gegenüber den anderen leichter zu berechnen sein. Die Wechselkurse von Franc und Lira, Gulden und D-Mark schwankten ständig. Niemand wusste heute, wie viel sein Geld morgen im Nachbarland wert sein würde, und umgekehrt. Die Händler konnten kaum kalkulieren, was für ihre im Ausland verkaufte Ware tatsächlich in die Kasse kam. In den „Römischen Verträgen" vereinbarten die Sechs, ihre Währungen anzugleichen. Sie gründeten 1957 in Rom die EWG, die Europäische Wirtschaftsgemeinschaft. Deren Ziele waren ein Binnenmarkt (siehe Seite 51; das hieß, dass der Handel in allen Staaten der EWG den gleichen Gesetzen unterlag), Zusammenarbeit in der Verkehrs- und *Sozialpolitik* sowie eine gemeinsame Agrar-, also Landwirtschaftspolitik.

In der **Sozialpolitik** geht es darum, das Leben der Bürger abzusichern, zum Beispiel am Arbeitsplatz, in der Familie und für das Alter.

Nicht hungern und nicht frieren. Das ist das Mindeste, was jeder Mensch zum Leben braucht. Ohne Strom würden wir nicht nur im Dunkeln sitzen, auch alles andere läge lahm. Ohne Energie springt keine Maschine, kein Computer an.

Lass das Licht an! Was ist die Euratom?

Schon in der Mitte des vergangenen Jahrhunderts war absehbar, dass die Kohle in Europa nicht reichen würde, um uns auf Dauer mit genügend Energie zu versorgen. Auf Erdöl als einzige andere Energiequelle zu setzen, machte und macht uns abhängig von anderen Staaten. Du weißt ja, wie deine Eltern stöhnen, wenn Benzin und Heizöl wieder mal teurer werden, weil eine Krise oder gar ein Krieg in den Erdöl erzeugenden Regionen deren Preis nach oben treibt. Dies geschieht auch, wenn ein anderer Staat die Erdölreserven weggekauft hat. Deshalb schloss die neue Gemeinschaft neben der Montanunion, die Kohle- und Stahlindustrie verband, und der EWG, die der übrigen Wirtschaft den Boden für die Zukunft bereiten sollte, ein weiteres Bündnis: die Euratom.

Atomenergie galt damals noch als Garantie für sichere, saubere Stromversorgung. Über mögliche Gefahren dachte in ihren Anfängen keiner nach. Sonnen- oder Erdwärme waren als Energiequellen noch unbekannt, die Ausbeute von Wind- oder Wasserkraft für die Industrie zu gering. Deshalb sicherte die EWG ihre Stromversorgung mit der Europäischen Atomgemeinschaft EAG oder kurz: Euratom. Mithilfe der Euratom entwickelten die EWG-Staaten die Kernenergie gemeinsam fort. Ein zusätzlicher Vorteil war: Die Staaten konnten sich nun gegenseitig auf die Finger schauen, dass keiner heimlich den Stoff für Atomwaffen abzweigte.

Heute ist ein Schwerpunkt der Euratom die Sicherheit der Atomkraftwerke.

Unser täglich Brot gib uns heute ... Wie beackert Europa das Feld?

Die Gründerväter der Europäischen Wirtschaftsgemeinschaft wussten noch, wie Hunger schmeckt: Im Nachkriegseuropa waren Lebensmittel knapp und die Menschen arm. Viele Bauern konnten von ihren Ernteerträgen kaum leben.

Deshalb nahm sich die EWG vor, die Landwirtschaft auf ergiebigeren Boden zu stellen. Zu Zeiten deiner Groß- oder Urgroßeltern war es noch echte Knochenarbeit, einen Bauernhof zu bewirtschaften. Kühe wurden von Hand gemolken, Ernten auf Pferde- oder Ochsenfuhrwerken vom Feld in die Scheunen gebracht. Missernten waren katastrophal: Dann wurde das Essen knapp, und die ohnehin schlecht bezahlten Bauern nahmen noch weniger ein. Viele junge Leute wanderten in Fabriken ab, weil die Löhne dort höher und sicherer waren. Auch diese Landflucht wollte die EWG stoppen. Deshalb unterstützte sie die Bauern, die Höfe zu modernisieren. Außerdem sollten die Menge und die Qualität der Ernten verbessert werden.

Wie bei Kohle und Stahl schaffte die EWG für Agrarprodukte Handelsschranken ab. Um den Bauern ein sicheres Einkommen zu garantieren, wurden ihnen feste Preise und der Verkauf ihrer Ware zugesagt. Damit setzte die EWG die Regeln der *Marktwirtschaft* außer Kraft – und mit *Subventionen* binnen weniger Jahre eine verhängnisvolle Spirale in Gang. Bekam ein Bauer sein Produkt gar nicht oder nicht zum versprochenen Preis los, kaufte die Gemeinschaft diese Überschüsse ab oder zahlte das fehlende Geld drauf. Außerdem hielt sie den Landwirten die Konkurrenz aus dem Ausland vom Hals: Führte ein Händler Lebensmittel billiger aus einem Nicht-EWG-Land ein, musste er dafür eine Ausgleichsabgabe bezahlen. So wur-

In einer **Marktwirtschaft** regeln Angebot und Nachfrage den Preis: Was knapp ist, wird teurer, der Preis für Ware, die es reichlich gibt, sinkt.

Subventionen (von lat. subvenire = zu Hilfe kommen) sind Hilfs- oder Ausgleichszahlungen.

den Lebensmittel künstlich verteuert. Bald brummte die Landwirtschaft: Die Bauern produzierten weit über den Bedarf hinaus, viele bauten ihre Höfe zu Agrarfabriken aus. Sie züchteten Vieh in Massen und düngten ihre Felder auf Teufel komm raus. Kleine Familienbetriebe konnten da kaum mithalten, viele machten schlapp. Die EWG wiederum erstickte in Überschüssen: „Milchseen" stauten sich an, in den Lagerhallen türmten sich Butter, Getreide und Fleisch zu Bergen auf.

Wahnsinn in Zahlen: 1985 saß Europa auf einem Berg von 16 Millionen Tonnen Getreide, einer Million Tonnen Butter, 870 000 Tonnen Rindfleisch und 520 000 Tonnen Magermilchpulver.

Irgendwann war das alles nicht mehr zu bezahlen.

Nun versuchte die Gemeinschaft, mit Quoten gegenzusteuern: Sie legte fest, dass jeder Hof je nach Größe nur eine bestimmte Menge produzieren darf. Das kam erneut vor allem den Großbetrieben zugute. Schließlich wurden Bauern dafür bezahlt, Land brachliegen zu lassen. Wenigstens konnten sich so die überdüngten und ausgebeuteten Böden erholen. Die Probleme sind noch heute nicht gelöst. Die Agrarpolitik ist und bleibt für die Union das schwierigste Feld.

Ein deutsches Kühlhaus der EG ist bis unter die Decke mit überzähliger Butter vollgefüllt (1983).

Aus sechs mach 15: Wen lockten die guten Geschäfte an?

Trotz Milchseen und Butterbergen: Die Europäische Wirtschaftsgemeinschaft bekam eine große Anziehungskraft. Bald klopften neue Bewerber an. Aus sechs Ländern wurden zwölf, nach 40 Jahren gehörten ihr 15 Staaten an.

Mit der Wirtschaft in den EWG-Ländern ging es zügig bergauf. Bald lockte das andere Staaten an. Genau so war es ja gedacht. Schließlich sollte eine möglichst große Gemeinschaft zusammenkommen, um durch mehr Wohlstand einen sicheren Boden für Europas Demokratien zu schaffen. Wem es gut geht, der hat keinen Grund zu Streit und Krieg. 1973 schlossen sich Dänemark, Großbritannien und Irland an. 1981 ging Griechenland im Europa-Hafen vor Anker. Portugal und Spanien folgten 1986. Neun Jahre später sagten Finnland, Schweden und Österreich Ja zur EG, wie sich die EWG nun nannte. Sie hatte Montanunion, Wirtschaftsgemeinschaft und Euratom in den Europäischen Gemeinschaften, kurz: EG, vereint.

Die EG gibt es heute noch: Sie steht für den Teil der Europäischen Union, der sich mit Wirtschaft, Arbeits- und Sozialpolitik befasst. Die zwei anderen Säulen sind die Gemeinsame Außen- und Sicherheitspolitik, kurz GASP, und die Zusammenarbeit in den Bereichen Justiz und Inneres ZBJI. Die EG der 15 erstreckte sich von Gibraltar bis Kiruna im Polargebiet und vom irischen Dingle als westlichster Stadt bis ins griechische Kreta. Die Gemeinschaft beackert seitdem ein weites Feld: Sie ist für den Bauern in Südeuropa, der noch auf dem Eselskarren aufs Feld fährt, ebenso zuständig wie für den Industrie- oder Büroarbeiter im Norden, der sein Geld an einem modernen Arbeitsplatz verdient. Beide sollen gleich gut leben.

Freie Bahn innerhalb Europas: Das will die EG für alle Menschen, Dienstleistungen, Wirtschaftsgüter und Geldgeschäfte innerhalb ihres Gebietes schaffen. Das Schlagwort dafür sind die „vier Freiheiten für den Binnenmarkt".

Was sind die vier Freiheiten im Europäischen Binnenmarkt?

Ein Teil davon ist bereits Wirklichkeit: Innerhalb fast der gesamten „alten" EG sind mit dem *Schengener Abkommen* von 1985 die Grenzschranken gefallen. Seit 2007 sind wir 27, denn die EG, mittlerweile zur Europäischen Union geworden, ist um weitere 12 Staaten gewachsen (siehe Seite 12). Jeder Neuankömmling muss aber erst Schritt für Schritt den Anschluss an die anderen schaffen. Ein Europa ohne Schranken – das heißt auch, dass ein EG-Bürger in anderen Ländern der Gemeinschaft die gleichen Rechte wie die Einheimischen dort hat. Dazu schuf Europa die Unionsbürgerschaft (siehe Seite 53). Außerdem strebt die Gemeinschaft einheitliche Regeln für die Integration von Zuwanderern und die Aufnahme von Asylbewerbern an.

Zum freien Dienstleistungsverkehr gehört unter anderem, dass nationale *Monopole* (wie etwa das der Post) fallen oder dass jede Bank und Versicherung ihre Dienste überall zu gleichen Bedingungen anbieten kann. Die dritte Freiheit gilt dem Handel ohne Grenzen. Ein LKW kann zum Beispiel Ware aus Deutschland ohne zeitraubende Grenzkontrollen nach Italien bringen. Außerdem wollen die Gemeinschaftsstaaten Steuern und Sozialleistungen angleichen. Das nähert die Preise für Arbeit und Waren an. Eine lästige Hürde für den freien Kapitalverkehr, also das Bezahlen und Geldanlegen in einem anderen Land, haben 13 EG-Länder mit der gemeinsamen Währung Euro inzwischen abgeschafft (siehe Seite 54 f.).

Das **Schengener Abkommen** wurde im luxemburgischen Schengen unterzeichnet. Noch nicht alle EU-Staaten wenden es an, auf Dauer aber sollen alle auf Grenzkontrollen verzichten.

Binnen heißt innerhalb. Der **Binnenmarkt** ist der Markt innerhalb der Grenze, die die EG von den anderen Ländern trennt.

In einem **Monopol** bietet ein einziger Anbieter eine Ware an. Weil er keine Konkurrenz hat, kann er Preise und Qualität diktieren.

Freiheit auf drei Säulen: Wie wurde die EG zur EU?

Montanunion, Atom- und Agrarpolitik, Binnenmarkt - neben den Erfolgen beim Aufbau der Wirtschaftsgemeinschaft hat die EG ihr eigentliches Ziel nicht aus den Augen verloren: in und mit einem vereinten Europa Frieden zu schaffen.

Dazu braucht es mehr, als nur bei Geld und Geschäften, im Arbeitsleben und bei der sozialen Sicherheit für die eigenen Bürger zusammenzuhalten. Was nützt Sicherheit innerhalb Europas, wenn Frieden oder Umwelt jenseits der Grenzen bedroht sind? Das vereinte Europa will dazu beitragen, das Leben auch anderswo sicherer zu gestalten und Frieden zu bewahren oder zu schaffen. Dazu muss es sich in seiner Außenpolitik einig sein. Wenn mehrere Staaten mit einer Stimme sprechen, hat das bei internationalen Verhandlungen und Konflikten mehr Gewicht, als wenn jeder seine Meinung für sich allein vertritt.

1991 wurden in der niederländischen Stadt Maastricht nicht nur Verträge über eine gemeinsame Währung und die Unionsbürgerschaft beschlossen, sondern die EG auch zur Europäischen Union erweitert. Diese EU wurde von ihren Mitgliedern auf drei Säulen gestellt: Die erste gab es schon mit der EG, die weiterhin für Wirtschaft zuständig ist. Zur zweiten wurde die Gemeinsame Außen- und Sicherheitspolitik, kurz: GASP. Die dritte bekam das Kürzel ZBJI, will heißen: Zusammenarbeit in den Bereichen Justiz und Inneres. Denn der Wegfall der Grenzen hat auch Zusammenarbeit bei der Jagd auf Gauner und Ganoven nötig gemacht. Polizei und Justiz sind eigentlich ureigene innere Angelegenheiten der einzelnen Staaten. Deren Arbeit wird seitdem Schritt für Schritt miteinander verzahnt. Wie genau das alles funktioniert, erfährst du auf den nächsten Seiten.

Du willst in Spanien studieren oder in Frankreich ein Praktikum machen? Dein Vater will einen Job in England annehmen und die Familie mitnehmen? Nur zu! Jeder Unionsbürger darf in der EU arbeiten und wohnen, wo immer er will.

Deutscher oder Europäer? Was heißt Unionsbürgerschaft?

Wir sind nicht nur deutsche, italienische, österreichische oder französische Staatsbürger, jeder Angehörige eines EU-Landes ist auch Bürger der Union. Der einheitliche rote Pass und der EU-Führerschein sind äußere Zeichen dafür. Jeder Unionsbürger kann sich in jedem Mitgliedsstaat frei bewegen und niederlassen, weil er dank EU auch dort zu Hause ist. Kein Unionsland darf die Bürger eines anderen schlechter behandeln als seine eigenen. Niemandem darf daraus, dass er Ausländer ist, ein Nachteil entstehen.

Auch die Behörden sind für alle da: Verlierst du in einem Nicht-EU-Land, in dem dein Heimatstaat keine Vertretung hat, den Ausweis oder brauchst anderweitig staatliche Hilfe, kannst du zu jedem *Konsulat* eines anderen Unionsstaates gehen. EU-Bürger können sogar Einfluss auf die Politik der Partnerstaaten nehmen. Wer volljährig ist und im EU-Ausland wohnt, darf dort die Kommunalparlamente, also den Stadt- oder Gemeinderat, mitwählen und selbst für ein solches Amt kandidieren. Wenn du später einmal als Deutscher in London lebst, kannst du in der britischen Hauptstadt Abgeordneter werden und über das Geschehen dort mitbestimmen. Ein Pariser kann in München und ein Münchner in Paris Bürgermeister werden. Für das Europaparlament (siehe Seite 68 f.) kann jeder EU-Bürger in dem Land, in dem er gerade lebt, seine Stimme abgeben und für dieses Land kandidieren.

Konsulate übernehmen im Ausland die Verwaltungsaufgaben ihres Heimatlandes, stellen zum Beispiel amtliche Dokumente aus.

Der Euro: Wer darf mit gleicher Münze zahlen?

Um den Handel zu erleichtern, glichen die EG-Staaten ihre Währungen an. Erst vereinbarten sie, dass der Wechselkurs jeder Währung nur um einen bestimmten Prozentsatz schwanken darf, dann schufen sie den Euro.

Was das Geld eines Landes im Vergleich zur Währung eines anderen wert ist, sagt viel darüber aus, wie gesund seine Wirtschaft ist. Macht ein Land gute Geschäfte, ist auch sein Geld viel wert. Geht es der Wirtschaft schlecht und müssen die Leute sparen, sinkt der Kurs seiner Währung. Davon hängt zum Beispiel ab, wie viel US-Dollar es für einen Euro beim Umtausch gibt – und umgekehrt.

Früher zahlten die Franzosen mit dem Franc, die Österreicher mit Schilling, Italien mit der Lira, wir mit der D-Mark und so fort. Zwischen den einzelnen Währungen fand ein ständiges Kräftemessen über die Stärke der einzelnen Märkte statt. Die EG dagegen ist ja *ein* Markt, in dem jeder Händler und Käufer sofort am Preis in Euro sehen soll, was er für seine Ware bekommt beziehungsweise wie viel er dafür bezahlen muss.

Der Euro wurde 1999 erst auf dem Papier eingeführt.

Das heißt, Firmen rechneten untereinander in Euro ab, ohne dass es schon Münzen und Scheine dafür gab. Um die Bürger langsam an die neue Währung zu gewöhnen (und weil manchem der Abschied von seinem Franc, seiner D-Mark oder seinem Schilling ein bisschen wehtat), ließ sich die EG mit der baren Münze noch Zeit: Ab Mitte 2001 zeichneten die Geschäfte ihre Waren in der jeweiligen Heimatwährung und in Euro aus.

Am 1. Januar 2002 wurden dann die neuen Münzen und Banknoten eingeführt (siehe auch Seite 62).

Allerdings sind noch nicht alle EG-Mitglieder auch Euro-Staaten. Die Briten behielten ihr Pfund, die Dänen ihre dänische und die Schweden ihre schwedische Krone. Mit gleicher Münze zahlten von Anfang an Belgier, Deutsche, Finnen, Franzosen, Griechen, Iren, Italiener, Luxemburger, Niederländer, Österreicher, Portugiesen und Spanier. 2007 kamen die Slowenen dazu. Jeder Staat, der Euro-Land werden will, muss strenge Bestimmungen erfüllen, zum Beispiel dürfen die Preise im Vergleich zu den anderen nicht zu stark steigen.

Wer schon Euro-Land ist, muss den *Stabilitäts- und Wachstumspakt* einhalten, damit Europas Währung insgesamt nicht an Wert gegenüber anderen starken Geldeinheiten wie dem US-Dollar oder dem japanischen Yen verliert. Die Euro-Staaten müssen regelmäßig vor der EG-Kommission (siehe Seite 74) Kasse machen: Hat ein Land zu viele Schulden aufgetürmt, bekommt es aus Brüssel (dort sitzt die Kommission) einen „blauen Brief". Notfalls muss es Strafe zahlen.

Nach dem Stabilitäts- und Wachstumspakt dürfen die neuen Schulden eines Landes drei Prozent der im gleichen Jahr erzielten Wirtschaftsleistung nicht überschreiten. Allerdings drückt die EG ein Auge zu, wenn ein Land besondere Lasten zu schultern hat wie zum Beispiel Naturkatastrophen.

Willem Duisenberg, damaliger Präsident der Europäischen Zentralbank, präsentiert am 30.08.2001 in Frankfurt die neuen Euro-Scheine.

Hallo, EU! Wer ist Mister GASP?

„Wen muss ich anrufen, wenn ich mit Europa sprechen will?", fragte einmal ein amerikanischer Außenminister. Mit der „Gemeinsamen Außen- und Sicherheitspolitik" schuf die EU einen Ansprechpartner für die Welt: Mr GASP.

So wird scherzhaft der „Hohe Vertreter für die Gemeinsame Außen- und Sicherheitspolitik" genannt, den die EU alle fünf Jahre neu wählt. Bevor der freilich sagen kann, was Europa denkt, will und plant, müssen die Mitgliedsstaaten sich auf eine gemeinsame Marschrichtung in weltpolitischen Fragen geeinigt haben.

Ein wichtiges Ziel von GASP ist es, die Demokratie außerhalb Europas zu stärken. Je sicherer die Welt „draußen" ist, umso sicherer sind auch die Menschen in der EU. Deshalb hilft die Union in Krisen- und Kriegsregionen, damit dort wieder Frieden einkehrt. Die EU schickt zum Beispiel Berater und Beobachter in Länder, die sich von Diktaturen oder anderen Unrechtsregimen befreit haben. Die helfen vor Ort, wenn ein solches Land zum ersten Mal freie und demokratische Wahlen wagt.

Eine wichtige Rolle spielte und spielt die EU im ehemaligen Jugoslawien: Dort hatten sich die Völker am Ende des vergangenen Jahrhunderts aus einem sozialistischen Zwangsbündnis gelöst und neue Staaten geschaffen, die sich nun bekriegten. Die EU schickte in Abstimmung mit der *NATO* und den Vereinten Nationen Soldaten dorthin, um wieder Frieden zu schaffen. Sie half den sich neu gründenden Staaten auf dem Weg zur Demokratie. Einige dieser und anderer Ostblock-Länder sind inzwischen in der EU, andere Aufnahmekandidaten.

NATO steht für North Atlantic Treaty Organization, zu Deutsch: Nordatlantischer Verteidigungspakt. Diesem Bündnis gehören auch die USA an.

Vor Spaniens Küste haben Flüchtlinge Schiffbruch erlitten. In Litauen stößt die Polizei auf ein Netzwerk für Kinderpornografie. Die deutsche Polizei sucht den Kopf einer Autoschieberbande jenseits der Grenze und braucht dabei Hilfe.

Euer Einsatz, Eurocops! Wie funktioniert die ZBJI?

Das alles sind Themen für ZBJI, die dritte Säule der Europäischen Union. Hinter dem Kürzel verbirgt sich die „Zusammenarbeit im Bereich Justiz und Inneres". Damit will die EU Europa zum „Raum der Freiheit, der Sicherheit und des Rechts" machen. Was sich so gestelzt anhört, ist eine wichtige Sache: Mit der Öffnung ihrer Grenzen hat die EU Menschenhändlern, Autoschiebern und anderen Verbrechern ihr schmutziges Geschäft leichter gemacht.

Einen solchen Sumpf kann ein Land allein nicht trockenlegen. Deshalb will die EU die Zusammenarbeit von Polizei und Justiz erleichtern. Sie will die nationalen Gesetze der einzelnen Länder gegen Straftaten angleichen und eine Behörde schaffen, die Gesetzesbrecher in jedem Land der EU anklagen kann. Die Polizei tauscht ihre Erkenntnisse bereits über ein Netzwerk namens Europol aus, Gerichte und Richter arbeiten unter dem Stichwort Eurojust zusammen. Noch Zukunftsmusik ist eine europäische Einsatztruppe, in der die Polizei aus verschiedenen Ländern im Notfall gemeinsam ausrücken kann: nicht nur, um Verbrecher zu jagen. Sie könnte auch *humanitäre* Hilfe leisten, wenn zum Beispiel ein Staat den Ansturm von Armutsflüchtlingen allein nicht mehr bewältigen kann. Oder wenn eine Katastrophe gemeinsamen Einsatz verlangt. Beim Problem der Armutsflüchtlinge setzt die EU aber auch noch anders an. Dazu mehr auf der nächsten Seite.

Humanitär bedeutet menschenfreundlich, auf das Wohl des Menschen gerichtet.

Frieden kennt keine Grenzen! Wie weit reicht die Politik der EU?

Mit der EG ist der Wohlstand in Europa gewachsen. Aber solange es anderswo in der Welt Not und Armut gibt, ist der Frieden überall bedroht.

Die Europäische Gemeinschaft ist in dem halben Jahrhundert seit ihren Anfängen zu einem einzigartigen Modell dafür geworden, wie demokratisches Miteinander von Menschen und Staaten gedeihen kann. Und doch kommen immer wieder neue Aufgaben auf die EU zu, die sie lösen muss, um den Wohlstand zu bewahren und die Demokratie lebendig zu erhalten. Dass Wohlstand und Sicherheit bei uns viele Menschen aus Staaten anziehen, in denen Not oder Willkür regieren, ist eine solche Herausforderung. Die EU versucht, diesen Flüchtlingen mit einer menschenwürdigen Asyl- und Einwanderungspolitik gerecht zu werden. Dabei ist es oft schwierig zu entscheiden, wer wirklich an Leib und Leben bedroht ist und wer nur so tut.

Menschen zurückzuschicken ist keine Lösung für diese Probleme. Deshalb versucht Europa, sein Demokratie-Modell in andere Teile der Welt zu tragen. Zur Gerechtigkeit und zur Menschenwürde gehört, dass niemand mehr aus Not seine Heimat verlassen muss. Auch dazu sind die drei Säulen der EU-Politik gut: Die Union baut Wirtschaftsbeziehungen zu Entwicklungsländern auf und hilft damit, dort Arbeit zu schaffen. Die Außenpolitik bereitet dafür den Boden. Justiz und Polizei greifen ein, wenn dabei Wirtschaftskriminelle Europa für krumme Geschäfte ausnutzen oder Gesetze umgehen. Die EU versucht so, für die Idee ihrer Gründer in der Welt zu werben: Wer Handel mit einem anderen treiben will, muss sich mit ihm vertragen und sich an gemeinsame Regeln halten.

Was heißt was?
Sprachen und Symbole

Do you speak European? In welcher Sprache spricht die EU?

„L-Ghodwa t-tajba!" „Dobro jutro!" „Labrīt!" „Bonjour!" „Jó reggelt!" So könnte es klingen, wenn sich im Europäischen Parlament Abgeordnete aus Malta, Slowenien, Lettland, Frankreich und Ungarn „Guten Morgen!" sagen.

Sie werden es wohl eher in Englisch, Französisch oder Deutsch tun. Denn das sind die Sprachen, die die meisten Europäer kennen und können und mit denen die internationale Verständigung deshalb am unkompliziertesten klappt. In der Europäischen Union werden 225 verschiedene Sprachen gesprochen. Nicht mit eingerechnet sind dabei die Dialekte. Amtssprachen aber gibt es „nur" 23. Es sind Bulgarisch, Dänisch, Deutsch, Englisch, Estnisch, Finnisch, Französisch, Griechisch, Irisch-Gälisch, Italienisch, Lettisch, Litauisch, Maltesisch, Niederländisch, Polnisch, Portugiesisch, Rumänisch, Schwedisch, Slowakisch, Slowenisch, Spanisch, Tschechisch und Ungarisch (Stand 2007).

Alle Rechtsvorschriften werden in diese 23 Sprachen übersetzt.

Schließlich ist es ein Grundrecht eines jeden Unionsbürgers, dass er in seiner Landessprache mit den politischen Vertretern und Amtsträgern in den Behörden der Union Kontakt aufnehmen und eine Antwort auf seine Fragen bekommen kann.

Es gibt mehr Mitgliedsstaaten als Amtssprachen, weil einige Länder dieselbe haben: Deutsch teilen sich Deutschland und Österreich, Griechisch Griechenland und Zypern, Französisch Frankreich, Belgien und zum Teil Luxemburg. Werden in einem Land mehrere Sprachen gesprochen, wie zum Beispiel in Luxemburg oder Irland, muss es vor seinem Beitritt entscheiden, welche es zur europäischen Amtssprache macht. Vor der letzten großen Erweiterung um gleich zehn Staaten im Jahr 2004 hatten die Übersetzer in Straßburg, Brüssel und Luxemburg viel zu tun: Die rund 2 000 EU-Dolmetscher mussten das bis dahin bereits bestehende EU-Recht rechtzeitig in die neu hinzukommenden Sprachen übertragen. Das waren immerhin 80 000 Druckseiten auf einen Schlag.

Neben den Amtssprachen gibt es noch drei Arbeitssprachen: In ihnen, Englisch, Französisch und Deutsch, verständigt sich die Europäische Kommission. Deutsch wurde mit dem Beitritt der osteuropäischen Staaten auch in der Praxis zur Arbeitssprache. Weil viele Osteuropäer sie kennen und können, steht Deutsch jetzt zwischen Englisch und Französisch in der Rangfolge der in Europa am meisten gebrauchten Sprachen.

Bei Debatten im Europäischen Parlament übersetzen Dolmetscher für alle Abgeordneten simultan, das heißt zeitgleich. Schriftliche Vorlagen aber werden erst mal nur in die sechs Sprachen Englisch, Französisch, Deutsch, Italienisch, Polnisch und Spanisch übersetzt und bei Bedarf aus diesen Sprachen weiter übertragen. Das spart Zeit und Personal. Schon wer „nur" 20 Amtssprachen in jede andere mögliche übersetzen will, kommt auf 380 Kombinationen. Du kannst dir vorstellen, wie viele Dolmetscher bei dem riesigen Arbeitsanfall nötig wären. Für Grundlagentexte setzt die EU auch Übersetzungsmaschinen ein. Doch deren Computerprogramme gibt es nicht in allen Sprachkombinationen. Und sie können bestenfalls die Grundinformationen eines Textes richtig wiedergeben, nicht aber Feinheiten erkennen, geschweige denn komplizierte Sachverhalte näher erläutern. Dazu braucht es immer noch Verständnis, Einfühlungs- und Sprachvermögen. Du siehst, auch hier kommt es in jeder Hinsicht auf die Menschen an.

Bildungsziel der EU ist es, dass irgendwann jeder Bürger neben der Muttersprache zwei weitere europäische Sprachen beherrscht.

Fenster, Tore, Brücken: Was erzählt uns der Euro?

Was verbindet die Welt? Wir blicken durch Fenster, schreiten durch Tore und gehen über Brücken aufeinander zu. Deshalb haben die EU-Länder Symbole solcher Bauwerke aus ihrer Geschichte als Motive für die Euro-Scheine gewählt.

Die Euro-Banknoten sind in allen Ländern, die mit ihm bezahlen, gleich. Wer die sieben Scheine betrachtet, macht gleichzeitig eine Reise durch die Geschichte der europäischen Architektur. Den kleinsten, den grauen Fünfer, zieren vorne ein Tor und auf der Rückseite eine Brücke aus der griechischen und römischen Antike. Auf dem roten Zehner prangen diese Symbole ebenfalls, allerdings aus der Zeit der Romanik, die an der ersten Jahrtausendwende begann. Der blaue Zwanzigeuroschein lädt uns ein, durch gotische Fenster mit den typischen Spitzbögen der Zeit des 12. bis 16. Jahrhunderts zu schauen und uns das Strebewerk ihrer Brücken anzusehen. Mit dem Stil der Renaissance, in der das Mittelalter um 1500 zu Ende ging, macht uns der orangefarbene Fünfziger vertraut. Durch ein Tor des Barock mit seinen kühnen und üppigen Schwüngen (16. und 17. Jahrhundert) schreiten wir beim Blick auf den grünen Einhunderteuroschein. Der braun-gelbe Zweihunderter erinnert mit dem Portal aus Eisen und Glas auf der Vorder- und der elegant geschwungenen Brücke auf der Rückseite an die Architektur des 19. Jahrhunderts. Deren bekanntestes Bauwerk ist die waghalsige Eisenkonstruktion des Pariser Eiffelturms. Der größte Schein ist die 500-Euro-Note. Sie zeigt vorne eine lila Fassade in moderner, eher kühler Architektur, das Motiv auf der Rückseite erinnert an die gewaltige Öresund-Brücke, die das Meer zwischen Schweden und Dänemark überspannt.

Auf den Münzen sind die Vorderseiten gleich. Hinten stellen die einzelnen Eurostaaten mit eigenen Symbolen sich, ihre Geschichte und ein Stück weit ihre Identität vor. Mit der österreichischen Friedenskämpferin Bertha von Suttner auf dem Zweieurostück, der französischen Freiheitsfigur Marianne auf den Ein-, Zwei- und Fünfcentmünzen und der Liebesgöttin Venus (so, wie sie sich der Maler Botticelli vorgestellt hat) auf den italienischen 20 Cent kommen auch Frauen vor. Griechenland zeigt auf der Zweieuromünze ein Bild der Sage von Europa und dem Stier. Irland begnügt sich auf allen Münzen mit seinem Wahrzeichen, der Harfe, Belgien lässt auf jede Münze ein Konterfei von König Albert II. prägen. Die Niederlande haben ihre Königin Beatrix verewigt, Luxemburg seinen Großherzog Henri. Portugal erinnert mit der Zahl 1143 an das Jahr seiner Unabhängigkeit, und Spanien führt neben König Juan Carlos die berühmte Kathedrale von Santiago de Compostela vor. Finnland präsentiert einen Löwen, Schwäne, eine Moltebeere und eine Seenlandschaft, Deutschland Eichenlaub, Bundesadler und das Brandenburger Tor. Und Slowenien schließlich zeigt unter anderem einen Storch und zwei Lipizzaner.

Mit dem Euro im Geldbeutel tragen wir Europa in seiner ganzen Vielfalt mit uns herum.

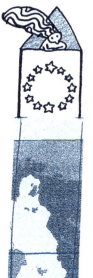

Sterne, Freude, Europatag – was sagt uns das?

Ihre Flagge und ihre Hymne hat sich die Europäische Gemeinschaft „geborgt": Beide Symbole hatte sich bereits die erste große europäische Einrichtung, der Europarat, nach ihrer Gründung ausgesucht und ausgedacht.

Die Europahymne gibt es in den verschiedenen Versionen auch als CD. Unter www.coe.int/de und dem Link „Nützliche Auswahl - Symbole" kannst du sie im Internet hören.

Das dritte Symbol der Union ist der Europatag am 9. Mai: An diesem Datum, dem 9. Mai 1950, hat Robert Schuman seine berühmte Rede gehalten, in der er in Paris die Idee für ein vereintes Europa vortrug (siehe Seite 44).

Zwölf goldene, fünfzackige Sterne, die im Kreis stehen wie die Zahlen auf dem Zifferblatt einer Uhr, prangen auf azurblauem Grund: Das ist die offizielle Flagge der Europäischen Union. Deren Vorläufer, die Europäische Gemeinschaft, hat sie 1986 vom Europarat übernommen. Die zwölf Sterne sind ein Symbol für Einheit, Harmonie und Vollkommenheit. Die Zahl Zwölf hatte diese Bedeutung schon in uralten Zeiten in Mythen und Religionen: Es gibt die zwölf Sternbilder der Tierkreiszeichen, die zwölf sagenhaften Taten des Herkules in der griechischen Sagenwelt, die zwölf Stämme Israels im Alten Testament, die zwölf Apostel in der christlichen Bibel, Tag und Nacht haben je zwölf Stunden, zwölf Monate hat das Jahr.

Auch die Europa-Hymne war zuvor die des Europarats: Er hat 1972 die „Ode an die Freude" aus Ludwig van Beethovens Neunter Sinfonie dafür ausgesucht. Arrangiert wurde sie von dem weltberühmten Dirigenten Herbert von Karajan. Die EG hat sie 1986 vom Europarat adoptiert und ihr neue Versionen hinzugefügt: Es gibt die Europa-Hymne in der klassischen Fassung für Sinfonieorchester, für Klavier und Orgel, aber auch als Jazz-, Hip-Hop-, Techno- und Trance-Version.

Der ursprüngliche Text der Ode stammt von dem deutschen Dichter Friedrich Schiller. Eine Zeile davon klingt wie ein Motto für die Union: „Alle Menschen werden Brüder" – wobei die Hymne natürlich auch die Schwestern damit meint.

Wer hat hier was zu sagen?

Wer hat in Europa was zu sagen?

Was zu Hause in euren vier Wänden geschieht, geht niemanden etwas an. Es sei denn, ihr verstoßt gegen Gesetze und fügt anderen Schaden zu. Ähnlich ist es in Staaten: Sie allein bestimmen, was innerhalb ihrer Grenzen passiert.

Selbst wenn ein Land gegen die Menschenrechte verstößt, kann niemand es zwingen, damit aufzuhören. Die Weltgemeinschaft, die Vereinten Nationen oder der Europarat (siehe Seite 32 ff.) versuchen, anders Einfluss zu nehmen: Sie werden protestieren oder anderweitig Druck ausüben, zum Beispiel, indem sie den Handel mit diesem Land einstellen. Oder sie unterstützen die Menschen dort, sich gegen das Unrecht zu wehren.

Grundsätzlich aber darf kein Staat in das Leben eines anderen eingreifen.

Jedes Land hat die „Hoheit" darüber, was innerhalb seiner Grenzen geschieht. Das wird Staatssouveränität genannt.

Auch eine Gemeinschaft wie die EU tastet diese Eigenständigkeit ihrer Mitglieder nicht an. Und doch „regiert" die Union in die einzelnen Länder hinein, und zwar bis in deren unterste politische Ebene, die der Gemeinden. Die EU beschließt Gesetze und Verordnungen, die direkt das Alltagsleben der Bürger betreffen. Sie bestimmt zum Beispiel, wie sauber Wasser sein muss, damit du es als Trinkwasser nutzen und genießen kannst. Sie setzt fest, wie viel Ruß höchstens in der Luft sein darf, und empfiehlt, was ein Land oder eine Gemeinde dagegen unternehmen kann und muss, wenn dieser Grenzwert überschritten wird. Die EU ist eine *supranationale* Organisation. Das ist das

Supra heißt über. Eine **supranationale** Organisation steht also über den einzelnen Nationen.

Besondere an ihr. Sie gestaltet nicht nur die *internationalen* Beziehungen zwischen Europas Staaten, sondern setzt Normen und Regeln, die in all ihren Ländern das Leben sicherer und einfacher machen. Wer sich nicht daran hält, muss damit rechnen, dass ihn die Gemeinschaft mit (Geld-)Strafen belangt.

Die Erwachsenen schimpfen oft über die Regulierungswut „von denen da oben" in Brüssel – dort ist der Hauptsitz der EU. Sie vergessen dabei, dass es Vertreter unserer eigenen Regierungen oder von uns direkt gewählte Abgeordnete sind, die diese Bestimmungen angeregt und daran mitgewirkt haben. Da die aus so vielen verschiedenen Ländern kommen, ist das manchmal ganz schön kompliziert. Du hast ja selbst schon oft miterlebt, wie schwer es ist, allein in eurer Familie Regeln für das Zusammenleben zu finden: Wie viel Ordnung muss sein? Wie laut und wann darf Musik ertönen? Wer hat wann was zu erledigen? Dir ist es vielleicht wichtig, dass nur noch Bio-Gemüse auf den Tisch kommt, den Eltern ist das zu teuer und deinen Geschwistern egal. Sich Regeln zu geben wird umso schwieriger, je mehr Menschen daran beteiligt sind. In der EU versuchen die Staaten, gemeinsame Nenner für ihre Interessen und Ziele zu finden. Das ist oft mühsam und langwierig. Was dem einen wichtig ist, sieht der andere oft erst mal gar nicht ein.

In der EU ringen drei *Organe* miteinander, um Kompromisse zu finden, mit denen dann jedes Land leben kann. Dieses Machtzentrum besteht aus dem Rat der Europäischen Union (oder auch „Ministerrat"), in dem je nach Thema die Fachminister der Mitgliedsländer versammelt sind, dem Europäischen Parlament als Bürgerkammer, für die die Unionsbürger aller Staaten ihre Abgeordneten wählen, und der Europäischen Kommission, in die jede Regierung einen Experten entsendet. Ihnen arbeiten Behörden und Fachleute zu oder schauen ihnen auf die Finger. Auf den nächsten Seiten erfährst du, wer genau was macht und wie das Ganze funktioniert.

Inter heißt zwischen: Mit internationaler Politik ist das Miteinander von Staaten gemeint.

Gemeinsame Regeln und Normen sind vor allem für die Wirtschaft wichtig: Ohne sie kann der Binnenmarkt nicht funktionieren.

Organe nennt man Institutionen oder Behörden, die bestimmte Aufgaben ausführen.

Von uns gewählt und für uns da: Was ist das Europäische Parlament?

Nirgends ist sich Europa so nah und ist so bunt gemischt wie im Europäischen Parlament: Dort gestalten 785 Abgeordnete aus 27 Staaten die EU. Ihre Fraktionen sind nicht nach Völkern, sondern nach Parteien zusammengesetzt.

Konservativ (von lat. conservare = bewahren) werden Parteien genannt, wenn sie die bestehende Ordnung weitgehend erhalten wollen.

Liberal bedeutet freiheitlich. Liberale Parteien unterstützen die Selbstverantwortung des Einzelnen.

Da Rumänien und Bulgarien zwischen zwei Europawahlen zur EU hinzugekommen sind, wurden vorübergehend 53 neue Stühle ins Parlament gerückt. Nach der nächsten Wahl 2009 wird die Zahl der Sitze wieder verkleinert.

Alle fünf Jahre können die Unionsbürger ihre Vertreter ins Europäische Parlament wählen. Die tun sich dann je nach ihrer politischen Richtung in Gruppen zusammen: die Angehörigen der eher *konservativen* Parteien als Europäische Volkspartei, die Sozialdemokraten in der SPE (Sozialdemokratische Partei Europas), die *Liberalen* in der Fraktion der LIBE (Liberale und Demokratische Partei Europas), die Vereinigte Europäische Linke, die Grünen als Grüne/Freie Europäische Allianz und so weiter. Zurzeit gibt es acht solcher Fraktionen (Stand: 2007). Untereinander sprechen die Abgeordneten englisch, französisch oder deutsch, weil das die meisten können.

Hauptsitz des Europäischen Parlaments ist Straßburg. Dort finden fast alle Plenarsitzungen statt, einige Vollversammlungen der Abgeordneten aber auch in Brüssel. Vorbereitet werden diese Sitzungen von 20 Ausschüssen (Stand 2007). Das sind Arbeitsgruppen, die sich genauer mit einzelnen Themen befassen: zum Beispiel mit Umwelt und Gesundheit, Binnenmarkt und Verbraucherschutz, Kultur und Bildung, der Landwirtschaft und anderem. Diese Ausschüsse und die Fraktionen bereiten die Straßburger Arbeit in Brüssel vor. Dort tagen auch der Ministerrat und die Europäische Kommission. In Luxemburg wiederum sitzt die Verwaltung des Europaparlaments. Und dann hat jeder Europa-Abgeordnete noch zu Hause ein Büro, in dem sich jeder Bürger des Wahlkreises an ihn wenden kann.

Die Europäische Union versteht sich als Europa der Bürger. Deshalb haben ihre gewählten Vertreter eine wichtige Aufgabe: Sie kontrollieren, ob in der EU alles mit rechten Dingen zugeht, und schauen den anderen Organen auf die Finger.

Ab in die Bürgerkammer! Wie viel Macht haben die Abgeordneten?

Europa hat keinen „Chef" und keine Regierung mit Ministern, wie wir das aus Berlin kennen. In der EU gibt es stattdessen eine „Kammer" der Staaten, nämlich den Ministerrat, und eine der Bürger, das Parlament. Der Ministerrat „macht" die Gesetze, die wiederum die Kommission (siehe Seite 74 ff.) vorgeschlagen hat. Am Parlament kommt keines dieser beiden *Gremien* vorbei: Die Kommission muss dem Parlament regelmäßig Rede und Antwort stehen, der Rat die meisten Gesetze von den Abgeordneten absegnen lassen. Bei einigen ist er verpflichtet, die Meinung des Parlaments einzuholen.

Gremium
ein Ausschuss, der Sachfragen diskutiert und Beschlüsse fasst

Das Europäische Parlament ist ein wichtiges Kontrollinstrument der EU: Es stimmt über den Haushalt ab, in dem festgelegt wird, wie viel Geld Europa von den Mitgliedsstaaten einnimmt, wofür es das ausgeben will und tatsächlich ausgegeben hat. Und es hat die Kontrolle über die Kommission: Die „Kommissare" werden von den nationalen Regierungen vorgeschlagen, zum Kommissar wird jeder Kandidat aber erst, wenn das Parlament seiner Ernennung zugestimmt hat. Die Abgeordneten können sogar die gesamte Kommission kippen, wenn die das Vertrauen des Parlaments verloren hat. Außerdem können sie die Kommission zu Gesetzesvorschlägen auffordern. Geht etwas in der EU nicht mit rechten Dingen zu, kann das Europaparlament einen Untersuchungsausschuss einsetzen.

Das Parlament ist das einzige direkt durch die Bürger gewählte EU-Organ. Deshalb soll die geplante Verfassung seine Rechte weiter stärken.

Dreimal darfst du raten: Welcher Rat ist wann um Rat gefragt?

Europarat, Rat der Europäischen Union oder Ministerrat, Europäischer Rat: Vor so viel Raterei kann einem schwindelig werden. Aber aufgepasst, einer der drei hat nichts mit der Union zu tun: der Europarat. Den kennst du ja schon.

Der Europarat wacht über die Einhaltung der Menschenrechte und hat weit mehr Mitglieder als die EU (siehe Seite 32 ff.), um die es hier geht. Deren wichtigster Rat, der Rat der Europäischen Union, hat noch einen zweiten Namen: Er wird auch Ministerrat genannt und besteht eigentlich wiederum aus verschiedenen „Räten". In ihm kommen in Brüssel oder Luxemburg die jeweiligen Fachminister der Mitgliedsstaaten zusammen, je nachdem, welches Thema in der EU gerade eine Entscheidung verlangt. Geht's um die Bauern oder Fischer, sind das die Landwirtschaftsminister, bei Geld und Geschäften sind die Finanz- und Wirtschaftsminister dran oder die Innen- und Justizminister, wenn eine Abstimmung zum Beispiel zur gemeinsamen Abwehr von Terroristen ansteht. Dieser Rat der EU ist – gemeinsam mit dem Parlament – der Gesetzgeber Europas und damit das wichtigste Gremium der Union. Er stimmt über die Vorschläge der Europäischen Kommission (siehe Seite 74 ff.) für neue *Verordnungen* und *Richtlinien* ab.

Verordnungen sind die Gesetze der Union: Jeder Mitgliedsstaat muss sich unmittelbar und direkt daran halten.

Mit **Richtlinien** gibt die EU ein Ziel vor. Den Weg dorthin kann jedes Mitgliedsland durch eigene Gesetze ausgestalten.

Der Ministerrat ist damit die Vertretung der nationalen Regierungen in Brüssel.

Er koordiniert die Zusammenarbeit von Polizei und Justiz und bestimmt die Leitlinien der gemeinsamen Außenpolitik. Weil die Fachminister der einzelnen Staaten zu Hause auch viel zu tun haben, erledigt ein Team von ständigen Vertretern jeden Mitgliedslandes in Brüssel die Vor- und Nacharbeit der Beschlüsse des Rates der Europäischen Union. Diese Vertreter sind die „Botschafter" der Einzel-Regierungen in der EU. Der Vorsitz des Ministerrats wechselt halbjährlich zwischen den Staaten, damit jeder seinen eigenen Schwerpunkt setzen kann. Als etwa Österreich dran war, stellte es „sein" Halbjahr unter das Motto „Europa soll nützen und schützen" und hatte dabei als Ziel im Visier, das Vertrauen der Bürger in die EU zu stärken. Die deutsche Bundeskanzlerin Angela Merkel hatte sich unter anderem vorgenommen, die Energie- und Klimapolitik Europas voranzutreiben und den Entwurf für eine Europäische Verfassung (siehe Seite 132 f.) aus der Sackgasse heraus wieder auf den Weg zu bringen.

Über diesem Rat der Europäischen Union wölbt sich der „Gipfel". So wird der dritte EU-Rat, der „Europäische Rat", genannt, weil auf seinen „Gipfeltreffen" die Staats- und Regierungschefs der Unionsmitglieder zusammenkommen. Solche Gipfel finden viermal jährlich an wechselnden Orten statt. Dieser Rat bespricht, wohin die EU grundsätzlich mit Europa steuern will, und sucht eine Lösung, wenn sich der Ministerrat in einer strittigen Frage nicht einigen kann.

Das EU-Ratsgebäude in Brüssel

Rechenkünstler vor! Wie stimmt der Ministerrat ab?

In der EU hat jeder Staat gleich viel zu sagen. Wenn's ans Abstimmen geht, wird das allerdings kompliziert: Weil etwa Deutschland für 82 Millionen, Litauen für 3,5 Millionen und Malta für gerade mal 400 000 Menschen spricht.

Auch schultert ein großes, reiches Land, wenn's ums Geld geht, leichter eine schwerere Last als ein kleiner Staat, dem selbst vielleicht das Wasser bis zum Halse steht. Wer zahlt, schafft an? Genau das soll in der EU nicht gelten. Hier ist im Gegenteil wichtig, dass die Staaten untereinander solidarisch sind und auch Entscheidungen unterstützen, die für sie selbst vielleicht gerade nicht im Vordergrund stehen. Oft sind die verschiedenen Interessen und Vorlieben nur schwer unter einen Hut zu bringen. Im Idealfall sucht der Ministerrat bei Abstimmungen so lange nach einem Kompromiss, bis schließlich jedes Land zustimmen kann. In besonders wichtigen Fragen wie der gemeinsamen Außen- und Sicherheitspolitik oder des Asylrechts ist Einstimmigkeit vorgeschrieben. Solange ein einziger Staat noch Nein sagt, gilt ein Beschluss als abgelehnt.

In den Anfangsjahren der Europäischen Gemeinschaft galt dieses *Veto*-Recht grundsätzlich und hat die EG manchmal bis zum Stillstand blockiert. Deshalb wurden für die meisten Fragen andere Abstimmungsregeln vereinbart: Die 27 Staaten haben insgesamt 345 Stimmen, von denen 255 Ja sagen müssen. Die Anzahl der Stimmen pro Land ist je nach der Anzahl der Bürger, die sie vertreten, verteilt. Deutschland zum Beispiel hat 29 Stimmen, Österreich zehn, Malta kommt auf nur drei. Würde nun nur nach der einfachen Mehrheit (= die meisten Stimmen) oder der absoluten (= mehr als die Hälfte) gesucht, könn-

Veto = lat.: ich verbiete

ten die „Großen" die „Kleinen" mit Leichtigkeit ablaufen lassen. Um auf 255 Stimmen zu kommen, würden außerdem 13 Staaten genügen. Das aber wäre noch nicht einmal die Hälfte aller 27 Mitgliedsstaaten. Deshalb müssen hinter den 255 Stimmen mindestens 14 Staaten stehen. Doch damit noch nicht genug: Die 14 Staaten wiederum müssen 62 Prozent der Gesamtbevölkerung in der Union repräsentieren. Dieses komplizierte Rechenverfahren wird qualifizierte Mehrheit genannt. Beim Haushalt oder bei einem Misstrauensvotum gegen die Kommission muss es der Ministerrat auf zwei Drittel aller Stimmen bringen, in der Steuer-, Außen- und Asylpolitik gilt Einstimmigkeit.

Stehen besonders heikle Themen auf dem Programm, sucht der Rat aber von vornherein nach einem Kompromiss, damit es nicht zu unschönen Kampfabstimmungen kommt.

Deshalb dauern manche Entscheidungen in der Europäischen Union quälend lange.

Aber schließlich müssen die Regierungen der einzelnen Mitgliedsstaaten diese Beschlüsse zu Hause bestmöglich umsetzen. Und das wird ihnen umso leichter fallen, je überzeugter sie dahinterstehen.

Europa-Abgeordnete bei einer Abstimmung im Europaparlament

Kommissar, bitte übernehmen! Wer sind die Spürnasen der Union?

Den Warnhinweis „Rauchen kann tödlich sein" auf Zigarettenschachteln verdanken wir der Europäischen Kommission. Ebenso, dass Autos oder Fabriken nicht beliebig viele Schadstoffe in die Luft pusten dürfen.

Das Wort Kommissar (von lat. committere = anvertrauen, übertragen) bedeutet Beauftragter.

Die Europäische Kommission ist die dritte Spitze des Entscheidungsdreiecks in der Europäischen Union. Ihre 27 Mitglieder heißen *Kommissare*, haben aber nichts mit der Polizei zu tun. Und doch sind sie so etwas wie die Spürnasen der Union. Sie greifen Probleme auf, die Bürgern, Unternehmen oder Behörden von Lappland bis Sizilien Sorgen bereiten und auf nationaler Ebene allein nicht zu lösen sind. Bei Themen wie Umweltschutz und Gesundheit lässt sich das leicht nachvollziehen: Dreckige Luft kennt keine Grenzen, Tabak schadet der Gesundheit eines jeden Menschen. Da hilft es nur, wenn die verschiedenen Staaten alle an einem Strang ziehen.

Mit der Erweiterung von 15 auf 27 Mitglieder ist die Kommission auf 27 Köpfe gewachsen. Das hat sie schwerfälliger gemacht. Deshalb soll die Kommission wieder verkleinert werden.

Viele Vorschriften gelten der Wirtschaft und Industrie: Hier passt die Kommission auf, dass der Wettbewerb im Binnenmarkt weiterhin funktioniert, die Produkte aber für den Verbraucher europaweit gleich gut und sicher sind. (Beispiele dazu findest du auf Seite 93 ff.) Die Kommission macht Vorschläge, wo, wann und wie Europa tätig werden sollte. Ministerrat und Parlament müssen dann entscheiden, ob aus einem solchen Vorschlag tatsächlich eine Richtlinie werden soll, für deren Umsetzung dann wiederum die einzelnen Staaten verantwortlich sind. Halten die sich nicht daran, schlägt erneut die Stunde der Kommission: Denn sie überwacht auch, ob Europa seine eigenen Beschlüsse befolgt. Wer das nicht tut, ob Mitgliedsstaaten, Behörden oder Unternehmen, den darf die Kommission vor dem Europäischen Gerichtshof in Luxemburg verklagen, der wiederum saftige Bußgelder verhängen kann.

Die Kommission ist also geistige Mutter und Hüterin der Gesetze zugleich.

Es gibt kaum einen Bereich in Wirtschaft, Staat und Gesellschaft, für den dieses Gremium nicht schon Regeln vorgeschlagen hat. Die Erwachsenen und selbst Politiker schimpfen deshalb manchmal über die Regulierungswut der Brüsseler Bürokraten. Sie vergessen dabei, dass der Anstoß für solche Regeln (wie die Kommissare selbst ja auch) aus den eigenen Mitgliedsstaaten kommt. Und mit dem Ministerrat und den Europa-Abgeordneten haben die eigenen Vertreter zugestimmt.

Eine weitere Aufgabe der Kommission ist es, den Haushaltsplan der EU umzusetzen. Sie sorgt dafür, dass Einnahmen und Ausgaben der EU (siehe Seite 80) so verteilt werden, wie Rat und Parlament das beschlossen haben. Diese Kontrolle teilt sich die Kommission mit dem Europäischen Rechnungshof (siehe Seite 80). Den Kommissaren sieht dabei wiederum das Europaparlament auf die Finger. Die EU verfügt damit über ein kompliziertes, aber ausgeklügeltes Kontrollsystem.

Und noch eine wichtige Aufgabe hat die Europäische Kommission: Will die Union mit anderen internationalen Organisationen oder Staaten verhandeln oder Abkommen schließen, bereiten das die Kommissare vor. Die werden alle fünf Jahre neu gewählt. Als Erstes einigen sich dafür die Staats- und Regierungschefs auf einen Präsidenten. Dem schlägt dann jedes Land seinen Kandidaten für jeweils ein bestimmtes Fachgebiet vor. Welches Land welchen Bereich übernimmt, wird vorher ausgehandelt. Oft werden ehemalige nationale Minister zu Europa-Kommissaren. Jeder Kandidat muss vor seiner Ernennung dem Europaparlament Rede und Antwort stehen.

Erst wenn die Abgeordneten mit einem Kandidaten zufrieden sind, wird er zum Kommissar ernannt.

Es gibt viel zu tun! Wer packt mit an?

Probleme aufspüren, Gesetze verfassen, die Kasse kontrollieren: Die EU-Kommission hat viel Arbeit. Ihr hilft dabei ein großer Beamtenapparat. Dazu gehören 35 Generaldirektionen, und 25 000 Beschäftigte arbeiten ihnen zu.

25 000 Mitarbeiter der EU-Kommission – das ist fast eine kleine Stadt. Doch wenn du bedenkst, dass das politische Europa fast 500 Millionen Unionsbürgern verpflichtet ist, hört sich diese Zahl schon nicht mehr so gigantisch an. Die Stadtverwaltung von Paris mit seinen 2,1 Millionen Einwohnern ist genauso groß. Die Generaldirektionen der EU-Kommission teilen die Arbeit unter sich auf. Da gibt es eine für die Außenbeziehungen und eine für Fischerei, eine für die Forschung und eine für die Justiz, eine für Landwirtschaft und den Handel. Alle Bereiche sind abgedeckt. Die Verwaltung kommt hinzu: Eine Generaldirektion kümmert sich um den „Sprachendienst", in dem allein 1 200 Dolmetscher beschäftigt sind, die dafür sorgen, dass sich die Amtsträger untereinander verstehen. Schließlich hat jeder in der EU das Recht, in seiner eigenen Sprache „bedient" zu werden. Eine andere „GD" ist dafür zuständig, den Wissensdurst der Journalisten zu stillen.

Das politische Brüssel ist tatsächlich wie eine eigene kleine Stadt in der Stadt. Jedes Kommissionsmitglied hat ein eigenes „Kabinett": Damit ist nicht ein Büro oder Hinterzimmer gemeint, sondern ein Stab persönlicher enger Mitarbeiter, die Informationen beschaffen, weiterleiten und ihren Kommissar beraten. Auch die Männer und Frauen vom Betrugsdezernat OLAF gehören zum Personal; was die zu tun haben, dazu später mehr (siehe Seite 80).

Wer zählt beim Fußball als Ausländer? Darf Automaten-Kaugummi unverpackt verkauft werden – und Deutschland Frauen aus der Bundeswehr aussperren? Wenn's um Fürsorge und Gerechtigkeit geht, müssen Europas Richter ran.

Was gehen Europas Richter Fußball und Frauen an?

Wenn ein Unionsbürger sich von Europa ungerecht behandelt fühlt, ein Land gegen EU-Recht verstößt, eine Institution der Gemeinschaft ihre Arbeit nicht ordentlich erledigt oder ein Unternehmen sich nicht an europäische Richtlinien hält, ist der Europäische Gerichtshof in Luxemburg gefragt. Die 27 Richterinnen und Richter – jedes Mitgliedsland entsendet einen – sind Europas höchste Instanz. An ihr Urteil muss sich jeder EU-Staat halten. Jeder Unionsbürger hat das Recht, mit seiner Klage bis nach Straßburg zu ziehen. So machte eine Deutsche den Weg für weibliche Soldaten in der Bundeswehr frei: Sie klagte dagegen, dass nach deutschem Recht nur Männer für den Staat Waffen tragen durften. Der belgische Profifußballer Jean-Marc Bosman setzte unter anderem durch, dass ein Unionsbürger auf dem Rasen eines EU-Landes nicht als Ausländer zählt. Die Regel, nach der in einer Elf höchstens drei Ausländer spielen dürfen, gilt seither nur für Nicht-EU-Bürger.

EU-Recht bricht nationales Recht – allerdings nicht, wenn ein Land mit einem eigenen Gesetz besondere Fürsorge für die Gesundheit seiner Bürger walten lässt. So wie Österreich das beim Automaten-Kaugummi tut: Das darf, entgegen den EU-Vorgaben, aus Gründen der Hygiene nur verpackt verkauft werden. Ein Händler hatte sich darüber vor dem Luxemburger Gericht Klarheit geholt. Der EuGH klopft auch Unternehmen auf die Finger, die den Wettbewerb in Europa behindern.

Jedes nationale Gericht kann sich Amtshilfe bei den Luxemburger Kollegen holen, wenn es Unklarheiten über die richtige Auslegung des Europarechts gibt.

Geld ist nicht alles, aber ohne geht nichts. Wer zahlt was?

Würde die EU das Geld, das sie jährlich ausgibt, den Unionsbürgern direkt ausbezahlen, wären das für jeden etwa 65 Cent pro Tag. Ein schönes Taschengeld – doch bewegen würde sich damit für Europa nichts.

Landwirtschaft und Umwelt zu erhalten, ein sicheres Europa zu schaffen, Bildung und Forschung voranzutreiben – das alles kostet Geld. Wie viel die Union wofür ausgibt, daran zeigt sich, was für sie welchen Stellenwert hat. Das ist nicht anders als bei euch zu Hause: Wenn ihr einen teuren Urlaub plant, muss ein neues Auto vielleicht warten. Wenn dir deine Eltern einen Skikurs spendieren, fällt etwas anderes vorerst flach. Wer alles auf einmal haben will, muss Schulden machen. Das aber hat sich die EU verboten. Sie darf nur ausgeben, was sie vorher eingenommen hat. Wie jeder Staat stellt die EU jährlich einen Haushalt auf. So heißt der Finanzplan, in dem steht, wie viel Geld in die Kassen kommen wird und wofür es ausgegeben werden soll. Staaten finanzieren ihre Haushalte vor allem aus den Steuern, die Bürger und Unternehmen bezahlen. Eine eigene EU-Steuer gibt es aber nicht. Nur die Beschäftigten der EU müssen die Steuern auf ihre Löhne und Einkommen direkt in die Brüsseler Kasse bezahlen. Die Union bekommt den Großteil ihres Geldes von den Mitgliedsstaaten. Wie viel wer bezahlen muss, hängt vom *Bruttoinlandseinkommen* des jeweiligen Landes ab und wird jährlich neu berechnet. Außerdem bekommt die EU einen Anteil der Mehrwertsteuereinnahmen ihrer Mitgliedsstaaten. Über die Mehrwertsteuer verdient der Staat am Verkauf aller Produkte mit. Die dritte Einnahmequelle der EU sind Zölle für Waren, die von Nicht-EU-Ländern in den Bin-

Das **Bruttoinlandseinkommen** ist die Summe dessen, was ein Land pro Jahr mit seinen Produkten und Dienstleistungen erwirtschaftet hat.

nenmarkt kommen (siehe Seite 44). Bei Agrarprodukten werden diese Zölle Abschöpfungen genannt. Das sind Preisaufschläge, mit denen die EU billigere Produkte, die von außerhalb des Binnenmarktes kommen, künstlich verteuert, um den Absatz der EU-Erzeugnisse zu schützen. So etwas wird *Protektionismus* genannt. Diese Zölle und Abschöpfungen sind umstritten, weil sie Produzenten zum Beispiel in den Entwicklungsländern das Geldverdienen schwerer machen. Und schließlich kassiert die EU die Strafgelder, die der Europäische Gerichtshof bei Gesetzesverstößen verhängt.

Insgesamt nahm die EU zum Beispiel im Jahr 2006 112 Milliarden Euro ein. Weit über 40 Prozent davon flossen in den Umweltschutz und die Landwirtschaft, knapp über ein Drittel gab Europa für seine Strukturpolitik aus. Damit werden benachteiligte Regionen unterstützt. Davon profitierten zum Beispiel die neuen deutschen Bundesländer oder arme Gegenden in Spanien und Polen. Von dem Geld werden neue Arbeitsplätze geschaffen oder Straßen und andere öffentliche Einrichtungen mitbezahlt. Besondere Hilfe wird den neuen Mitgliedsstaaten in Ost- und Mitteleuropa zuteil, damit sie den Anschluss an das „alte" Europa schaffen.

Protektionismus (von lat. protegere = beschützen) werden staatliche Eingriffe in den Außenhandel genannt, die dem eigenen Handel Vorteile verschaffen und der Konkurrenz aus dem Ausland Geschäfte erschweren oder unmöglich machen.

Subventionen (von lat. subvenire = zu Hilfe kommen) werden staatliche Zahlungen genannt, für die keine Gegenleistung erbracht wird. Die Empfänger müssen sich aber meist an bestimmte Bedingungen halten.

Hier beweist Europa, dass es eine solidarische Gemeinschaft ist.

Einige Staaten bekommen über solche *Subventionen* mehr Geld aus der EU-Kasse zurück, als sie selbst einbezahlt haben. Diese Staaten werden Nettoempfänger genannt. Bei den Nettozahlern ist es umgekehrt: Ihre Beiträge übersteigen das, was sie selbst erhalten, weil es ihnen besser geht als den anderen. 2006 waren die größten Nettozahler Deutschland, die Niederlande, Österreich und Schweden. Kein Wunder, dass es bei den Beratungen über den EU-*Etat* meistens hoch hergeht.

Etat Haushaltsplan

Alarm für OLAF!
Was habt ihr mit
dem Geld gemacht?

Viel Geld lockt immer auch gierige Gauner an. Ob die Milliarden der EU dort angekommen sind, wofür sie gedacht waren, und ob die Finanzhilfen bringen, was sie sollten, das kontrollieren OLAF und der Europäische Rechnungshof.

Für den Luxemburger Rechnungshof arbeiten 500 Beamte. Ihr gehört aus jedem Land ein für jeweils sechs Jahre von Ministerrat und Europäischem Parlament gewählter, unabhängiger Experte an. Sie überprüft die Rechnungen der EU. Der Rechnungshof kontrolliert, ob das viele Geld auch wirklich dort angekommen ist, wo es hin sollte, und ob die Empfänger sparsam und vernünftig damit umgegangen sind. Auch ob die Hilfen der EU gebracht haben, was sie sollten (zum Beispiel die Infrastruktur – Straßen, öffentliche Einrichtungen und Ähnliches – in einem Land zu verbessern), gucken sich die Prüfer des Rechnungshofs genau an. Das Gleiche tut ein weiteres Gremium: der Haushaltskontrollausschuss des Europäischen Parlaments.

Im Zweifelsfall muss OLAF ran: Diese Abkürzung steht für die französische Bezeichnung Office Européen de Lutte Anti-Fraude, was zu Deutsch Europäisches Anti-Betrugs-Büro heißt. Den Leuten von OLAF haben weder die einzelnen Regierungen noch ein EU-Organ etwas zu sagen. OLAF ist eine Art Finanzpolizei, die zum Beispiel Zollbetrüger aufspürt oder Firmen durchsucht, die in Verdacht stehen, sich Subventionen von der EU erschwindelt oder für andere als die angegebenen Zwecke eingesetzt zu haben.

An OLAF kann sich jeder Bürger wenden, der den Verdacht hat, dass EU-Gelder missbräuchlich eingesetzt oder unterschlagen worden sind.

Unser BAföG macht's möglich: Wenn du studieren willst und das Geld knapp wird, streckt der Staat es dir vor. Die Staaten von Lydia aus Rumänien und Laszlo aus Ungarn können das nicht. Jungen Leuten wie ihnen hilft die EU.

Wem gibt Europa Kredit für die Zukunft?

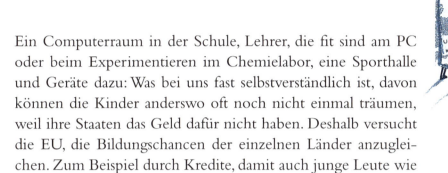

Ein Computerraum in der Schule, Lehrer, die fit sind am PC oder beim Experimentieren im Chemielabor, eine Sporthalle und Geräte dazu: Was bei uns fast selbstverständlich ist, davon können die Kinder anderswo oft noch nicht einmal träumen, weil ihre Staaten das Geld dafür nicht haben. Deshalb versucht die EU, die Bildungschancen der einzelnen Länder anzugleichen. Zum Beispiel durch Kredite, damit auch junge Leute wie Laszlo und Lydia studieren können.

In Luxemburg unterhält die EU eine Bank, die nichts anderes macht, als aussichtsreiche Zukunftspläne von europäischen Bürgern und Institutionen mit Krediten zu finanzieren: die Europäische Investitionsbank, kurz EIB. Sie fördert auch Projekte der Industrie. Hat eine Firma eine Idee, wie man Autos noch umweltfreundlicher bauen könnte, aber selbst nicht das Geld dazu, um es auszuprobieren, kann sie sich dort um einen Kredit bewerben. Die Erfinder der Internet-Telefonie, zwei junge Leute, wurden von der EIB gefördert. Heute sind sie mehrfache Millionäre, und die Bank hat ihr Geld mit Zins und Zinseszins zurückbekommen. Auch Staaten, Städte und Gemeinden sind „Kunden" der EIB: So haben Dänemark und Schweden ihre Öresund-Brücke mithilfe der Union finanziert. Forschung unterstützt die EIB auch außerhalb der EU, wenn es dabei um Dinge geht, von denen wir alle etwas haben, wie Energieprojekte oder Informationstechnologie.

Wo es nötig ist, hilft die EIB auch dabei, Schulen und Universitäten zu bauen.

Hier geht's um mehr als bare Münze: Wer hütet den Euro?

Eine Bank ohne Schalter und Kunden, eine Bank, bei der du kein Sparbuch anlegen oder Geld abheben kannst - das gibt es auch. Die Europäische Zentralbank in Frankfurt hat eine andere Aufgabe: Sie passt auf den Euro auf.

Zwei Wolkenkratzer, ineinander verschlungen wie ein verliebtes Paar, und ein „Erdkratzer", ein langes, flaches Gebäude, das für die Bodenhaftung der beiden 184-Meter-Riesen unweit des Main-Ufers sorgt: So soll sich das neue Domizil der Europäischen Zentralbank in den Himmel schrauben. Die Hüter der europäischen Währung werden dann nicht mehr wie zuvor in einem eher bescheidenen grauen Bürogebäude ihrer Arbeit nachgehen – nämlich darauf zu achten, dass dem Euro nicht schwindlig wird, weil sein Kurs zu sehr schwankt. Nach ihrer „Geburt" als Zahlungsmittel (inzwischen gültig in 13 Ländern der EU; siehe auch Seite 54) wurde diese Europa-Währung neben dem US-Dollar schnell zur zweitwichtigsten in der Welt und hat das amerikanische Geld an Wert überholt.

Die Zentralbank in Frankfurt passt auf, dass der Euro stark bleibt. Ihr darf keine Regierung Vorschriften machen. Die Banker halten die Zinsen, zu denen herkömmliche Geldinstitute Kredite aufnehmen können, im Zaum. Das ist ein wichtiges Instrument, um die Wirtschaft in Europa zu steuern: Niedrige Zinsen kurbeln die Geschäfte an, weil es den Firmen dann leichter fällt, für billig geliehenes Geld zu investieren. Wird aber zu viel Geld in Umlauf gebracht, verliert es an Wert. Dann ziehen die Frankfurter Währungshüter die Zinsschraube wieder an. Die Euroländer müssen regelmäßig vor der Zentralbank Kassensturz machen, damit der Euro keinen Schaden nimmt.

Viele Entscheidungen der EU haben Einfluss auf unser tägliches Leben. Drei Viertel aller Beschlüsse aus Brüssel werden ganz nah am Bürger umgesetzt: in Städten und Gemeinden, auf Straßen, Märkten und am Arbeitsplatz.

Bitte etwas näher! Wer baut eine Brücke vom Bürger nach Brüssel?

Europas Polit-Zentralen erscheinen uns ziemlich weit entfernt. Die Staaten schicken ihre Minister und Kommissare nach Brüssel, die Bürger ihre gewählten Abgeordneten ins Europäische Parlament. Und doch ist uns der riesige Politiker- und Beamtenapparat recht fremd. Wie kriegen die Berufseuropäer mit, was denen, die ihre Beschlüsse umsetzen müssen oder zu spüren bekommen, tatsächlich auf den Nägeln brennt? Zwei Gremien, deren Mitglieder direkt von Europas Basis vor Ort kommen, überprüfen vorher, ob sinnvoll ist, was Brüssel für die Zukunft plant. Darüber erstatten sie Bericht an die Kommission, den Rat und das Parlament. So sollen die Amts- und *Mandat*sträger rechtzeitig erfahren, ob EU-Richtlinien tatsächlich Sinn machen und im praktischen Leben umzusetzen sind.

Eines dieser Gremien ist der Europäische Wirtschafts- und Sozialausschuss. Ihm gehören Vertreter von Gewerkschaften und Arbeitgebern, Handwerkern und Bauern, Arbeitern und Firmenchefs an. Sie werden von ihren Heimatländern ausgewählt und einmal im Monat nach Brüssel entsandt. Das Gleiche tun Städte und Gemeinden, Bundesländer und Regionalverwaltungen, die ihre Bürgermeister, Landräte und Ministerpräsidenten fünfmal jährlich dorthin schicken. Wenn diese Amtsträger zu Hause laut über Europa schimpfen, was sie ja gern tun, sollten wir vielleicht einfach mal fragen: Warum habt ihr nicht rechtzeitig und genauso laut in Brüssel auf den Tisch gehauen?

Das Amt eines gewählten Abgeordneten mit Sitz und Stimme im Parlament nennt man **Mandat**.

Hallo EU, hier stimmt was nicht! Wem hilft der Ombudsman?

Ärger mit Europa? Du verstehst die EU-Formulare nicht, bekommst keine Auskunft in deiner Muttersprache, fühlst dich unfair behandelt? Dann kannst du dich direkt an Europa wenden. Drei Stellen sind extra nur für die Bürger da.

Es gibt für jeden EU-Bürger, der sich von der Union und ihren Behörden ungerecht behandelt oder benachteiligt fühlt, Anlaufstellen. Auch gegen einen Missbrauch persönlicher Daten oder Verstöße gegen den Datenschutz durch die EU kann sich jeder Europäer wehren. Und wer glaubt, dass ein Gesetz überflüssig oder ein anderes notwendig ist, kann sich im politischen Europa direkt und persönlich Gehör verschaffen. Drei Stellen sind dafür da: Der Europäische Bürgerbeauftragte hat für alle Beschwerden der Bürger über die Union ein offenes Ohr. Er heißt auch *Ombudsman*, was nicht bedeutet, dass er keine Frau sein kann. Ihm oder ihr schreiben rund 20 000 Menschen im Jahr. Der Ombudsman prüft alle Beschwerden und meldet sie, wenn sie berechtigt sind, der zuständigen Behörde weiter.

Der Europäische Datenschutzbeauftragte greift ein, wenn die EU persönliche Daten eines Bürgers weitergegeben hat. Denn auch die Union ist verpflichtet, die Privatsphäre jedes Einzelnen zu achten.

Geht es einem Bürger um Themen, die für alle Europäer von Interesse sind (wie Umweltfragen, Verbraucherschutz, Ausbildung oder Arbeitswelt, den Binnenmarkt oder EU-Verträge), kümmert sich darum der Petitionsausschuss des Europäischen Parlaments. Dorthin können sich EU-Bürger, aber auch Privatpersonen, die in der EU nur wohnen, sowie Gruppen und Organisationen wenden.

Das Wort **Ombudsman** kommt aus Schweden, weil dieses Land als erstes vor Jahrzehnten den Posten einer solchen Vertrauensperson für die Bürger geschaffen hat.

Europas Ombudsman erreichst du so: Der Europäische Bürgerbeauftragte, 1, Avenue du Président Robert Schuman, B.P.403, F-67001 Straßburg Cedex, www.euro-ombudsman.eu.int

Das haben wir davon

Auf die Menschen kommt es an! Was sind deine Grundrechte in der EU?

Gesetze, Verordnungen, Normen - alles nur Bürokratenkram? Manchmal fällt es schwer, hinter den Nachrichten aus Brüssel, Straßburg und Luxemburg noch den Leitgedanken des Vereinten Europa zu sehen: der Mensch im Mittelpunkt.

Was haben Frieden und Freiheit mit Regeln für Wirtschaft und Handel, Geschäfte und Industrie zu tun? Das Ziel, Europa zu einer Gemeinschaft werden zu lassen, in der es allen gleich gut geht. Wenn keiner seinem Nachbarn etwas neidet, keiner sich bevorzugt oder benachteiligt fühlt, die Menschen einander kennen und verstehen, stiftet das Frieden. Dieser Gedanke hat sich seit den Anfängen der Gemeinschaft mit Montanunion und EWG vor über 50 Jahren bewährt.

Das heißt nicht, dass es gar keinen Streit mehr gibt.

Doch der wird am Verhandlungstisch ausgetragen.

Beim Aufbruch ins dritte Jahrtausend, bevor sich die Gemeinschaft um zehn neue Staaten erweiterte, verpflichtete sich die Union einem besonderen Dokument: der Charta der Grundrechte der Europäischen Union. In sechs Kapiteln und 54 Artikeln sind dort die Grundrechte eines jeden Unionsbürgers aufgeführt. Alle Staaten und die Union, ihre Institutionen wie das Parlament, der Rat, die Kommission und ihre Behörden, haben sich verpflichtet, sie einzuhalten und umzusetzen. Diese Charta garantiert uns Menschenwürde, Freiheiten, Gleichheit, Solidarität, Bürgerrechte und den Anspruch auf eine gerechte Justiz, wenn wir mit dem Gesetz in Konflikt geraten sind. Die EU verpflichtet sich darin auch, Gesetze wieder

Die Grundrechte-Charta soll Bestandteil der Europäischen Verfassung (siehe Seite 132 f.) werden, um die die Union noch ringt.

abzuschaffen, wenn sie überflüssig geworden sind. Damit Europa nicht unter einem Berg von Verordnungen erstickt.

Das sichert uns die Charta zu: Artikel 1 bis 5 betreffen die Würde des Menschen und garantieren das Recht auf Leben und Unversehrtheit. Niemand darf mit dem Körper von Menschen Gewinne machen. Deshalb gibt es zum Beispiel kein Geld mehr fürs Blutspenden. Niemand darf Menschen klonen. Folter und Zwangsarbeit sind verboten.

Zu den Freiheiten zählen der Schutz des Privatlebens, das Recht eines jeden auf freies Denken und Reden, die Freiheit von Kunst und Wissenschaft und der Anspruch auf kostenlose Schulbildung, das Recht auf Asyl für jeden Menschen, dessen Leib und Leben ein anderer Staat bedroht.

Gleichheit heißt, dass Europa die verschiedenen Kulturen, Religionen und Sprachen achtet, auch Kindern das Recht gibt, ihre Meinung frei zu sagen, sowie Alten, Gebrechlichen und Behinderten ein unabhängiges Leben garantiert.

Mit Solidarität sind hier die Rechte eines jeden auf einen menschenwürdigen Arbeitsplatz gemeint. Dazu gehören regelmäßige Pausen und besonderer Schutz für die Jugend. Solidarität umfasst den Anspruch auf Hilfe für Menschen in Not, Gesundheits-, Umwelt- und Verbraucherschutz.

Als Bürgerrechte gelten neben der Unionsbürgerschaft (siehe Seite 53) das Recht, dass Staaten und Union die Angelegenheiten der Bürger ordentlich verwalten, dass Behörden ihre Macht nicht missbrauchen und jeder Mensch den Anspruch darauf hat, dass er sich in seiner eigenen Sprache mit staatlichen Stellen verständigen kann. Hier ist ausdrücklich der Bürgerbeauftragte (siehe Seite 84) erwähnt.

Die justiziellen Rechte beinhalten, dass ein EU-Bürger, der in einem Staat wegen eines Gesetzesverstoßes bestraft worden ist, nicht noch einmal wegen des gleichen Vergehens anderswo vor Gericht gestellt werden darf.

Dirndl, Schnuller, Kabeljau - was juckt das die EU?

Was hat ein Bergbauer mit Kabeljau am Hut, was ein Fischer mit Käse? Warum verbeißt sich Brüssel in Babyschnuller? Und was kümmert es die EU, wie tief ein Biergartenbesucher den Bayerinnen ins Dirndlkleid blicken kann?

Einem Europa-Politiker aus Österreich sind die Kühe seiner Bauern näher als ein Fisch im Meer. Im Ministerrat hat er aber auch mit den Sorgen und Nöten der Nordsee-Fischer zu tun. Für die Natur hat er hoffentlich ohnehin ein offenes Ohr. Denn wenn die EU-Minister über Fangquoten für den Kabeljau in der Nordsee abstimmen, geht es sowohl um die Lebensgrundlage der Fischer dort als auch um den Erhalt der Natur: Vor einigen Jahren war der Bestand des Kabeljaus in der Nordsee bedroht, weil zu viel Fisch gefangen wurde. Deshalb legte die EU fest, welches Land wie viel Fisch pro Jahr fangen darf. Auch ein Minister, der aus einem Land ohne Kabeljau kommt, muss sich dann darüber Gedanken machen. Er kann dafür erwarten, dass sich der Kollege aus einem Küstenstaat für die Almen der Bergbauern bei ihm zu Hause interessiert. Ein andermal diskutieren die Politiker vielleicht darüber, wie weich ein Babyschnuller sein kann und darf. Nicht wegen der Ruhe im Kinderzimmer, sondern weil chemische Weichmacher im Gummi der Sauger gefährlich für die Gesundheit von Babys sind.

Ob Sicherheitsvorschriften für den Straßenverkehr, die Größe von Zwiebeln der verschiedenen Handelsklassen, die Definition, wann ein Saft Saft genannt werden darf und was aus ihm ein Fruchtsaftgetränk macht: Es scheint, als gäbe es nichts, wofür sich die EU nicht interessiert. Manche der Verordnungen, über die da in Brüssel und Straßburg entschieden wird, rufen

Kopfschütteln hervor und die Frage: Haben die nichts Besseres zu tun? Andere führen gar zu Protesten, weil sich ihr Sinn auf den ersten Blick nicht erschließt. Ein gutes Beispiel dafür war die Schutzverordnung für Arbeitnehmer vor grellem Sonnenschein. Als die Kommission darüber beriet, sahen das manche Bayern als Angriff auf ihre Biergartenkultur: Schließlich servieren dort zünftige Kellnerinnen mit tief ausgeschnittenem Dirndl die Maßkrüge. Die Lederhosenfraktion im Freistaat befürchtete gar, Europa wolle den Frauen das Dekolleté zuschnüren. Der Sinn der „Sonnenschutz-Verordnung für Arbeitnehmer in Europa" war ein ganz anderer und durchaus ernst gemeint: Die EU sorgte sich um Menschen, die unter freiem Himmel arbeiten müssen und den ganzen Tag schutzlos den krebserregenden UV-Strahlen ausgesetzt sind. Im Blick hatte sie dabei nicht die Bedienungen der Biergärten, sondern Bauarbeiter im sonnigen Süden. Die Medien konnten damals der Versuchung nicht widerstehen, eine schlagzeilenträchtige Lachnummer aus der Verordnung zu machen. Oft lässt auch die trockene Juristensprache die Vorschriften aus Brüssel recht komisch klingen.

Der EU geht es nicht darum, die Vielfalt von Europas Sitten und Gebräuchen einzuschränken.

Oder das bunte Angebot von den Ladentischen zu fegen und stattdessen normierte Einheitsware auf den Binnenmarkt zu zwingen. Wenn Europa Handelsnormen erlässt, soll das nur garantieren, dass gleichartige Ware überall den gleichen Gesundheits- und Sicherheitsvorschriften entspricht und damit für den Verbraucher europaweit vergleichbar wird. Wo Saft draufsteht, muss auch Saft drin sein – und eben nicht nur ein verdünntes Fruchtsaftgetränk. Menschen, Umwelt und Arbeitsplätze sollen in jedem Land den gleichen Schutz erfahren.

Zum Beispiel Tierschutz: Welche Möbel gehören in den Hühnerstall?

Wie viele Schweine passen in ein Bett? Welche Möbel gehören in einen Hühnerstall? Das sind keine Scherzfragen, sondern ernsthafte Themen, über die sich die EU den Kopf zerbricht, weil sie Tiere schützen will.

Im Brüsseler Sprachgebrauch hören sich die Richtlinien zur artgerechten Schweinezucht und Hühnerhaltung natürlich anders an. Schweine sollen danach so viel Platz haben, dass mehrere gleichzeitig liegen, stehen und sich drehen können und eins das andere ansehen kann. Um sich das besser vorstellen zu können, hat eine deutsche Politikerin den Vergleich mit einem Zwei-Quadratmeter-Bett gewagt. Sie kam auf zwei bis drei Schweine pro Liegestatt. Damit die Tiere nicht aus Langeweile Aggressionen entwickeln, hat die EU für eine artgerechte Schweinehaltung außerdem „Beschäftigungsmaterial" vorgeschrieben: Gemeint sind damit Heu, Holz, Torf oder Stroh, damit sich das Borstenvieh nach Lust und Laune daran schaben und darin wälzen kann.

Dem Federvieh verschafft die EU ab 2012 mehr Auslauf: Von da an sind Legebatterien verboten, in denen ein Huhn so eng am anderen steht, dass es sich kaum bewegen kann. Außerdem sind dann in jedem Hühnerstall Sitzstangen, Nester, Einstreu und 750 Kubikzentimeter Platz nach rechts, links, oben und unten vorgeschrieben. Dafür wurde der Begriff „ausgestalteter Käfig" erfunden.

Das alles hört sich lustig an, hat aber einen traurigen Hintergrund. Um die Profite zu steigern, haben die Züchter an Platz und Kosten für die Tiere gespart. Die EU will dieser Quälerei ein Ende machen.

Tierschutz ist auch Verbraucherschutz. Das zeigte sich beim BSE-Skandal: Diese Rinderwahn genannte Krankheit brach aus, nachdem Menschen Tiermehl an die Pflanzen fressenden Vierbeiner verfüttert hatten.

Ein Apfel sieht aus wie der andere, alle Gurken sind gleich gerade und keine Kirsche kleiner als die andere: „Klasse 1" heißt nicht immer Geschmack erster Klasse. Diese Ziffern erleichtern aber die Arbeit von Bauern und Händlern.

Von Normen und Namen: Wer biegt die Gurken gerade?

Gleich groß, gleich dick, gleich glatt, gleich grün: So sehen Obst und Gemüse oft aus, wenn sie sich in den Kisten im Supermarkt stapeln. Obendrauf prangt eine „Eins". Das sagt noch lange nichts darüber aus, ob diese Ware jedem erstklassig schmeckt, zumal Geschmäcker verschieden sind. Die Eins steht für die „Handelsklasse". Und die hat die EU festgelegt, um den Handel mit Äpfeln, Birnen, Blumenkohl oder Kartoffeln einfacher zu gestalten. Bestellt ein Händler im Großmarkt Gurken der Handelsklasse eins, weiß er genau, egal woher die Ware kommt, wie viele Gurken in jeder Kiste sind. Diese Normen für Größe, Gewicht oder Form von Früchten haben noch einen anderen Grund: Obst und Gemüse werden häufig von Maschinen geerntet, gewaschen, verpackt, geschält und weiterverarbeitet. Anders als menschliche Hände können sich Maschinen nicht unterschiedlichen Formen anpassen. Also muss es umgekehrt gehen: Deshalb gibt es die berühmt-berüchtigte Vorschrift über den „Krümmungsgrad" von Gurken. Der darf höchstens zehn Millimeter pro zehn Zentimeter Gurkenlänge ausmachen, weil die Verpackungsmaschine sonst nicht jeweils die gleiche Zahl der schlangenförmigen Früchte in eine Kiste stecken kann. Ähnliche Normen gibt es für Kirschen (je nach Handelsklasse mit Durchmessern von 15 bis 20 Millimeter), Erdbeeren (zwischen 18 und 25 Millimeter) und anderes Obst. So lassen sich die Früchte leichter verpacken und verkaufen.

Handelsklassen erleichtern den Binnenmarkt: So lässt sich die Ware aus Griechenland mit der aus Frankreich, die aus Italien mit der aus Dänemark vergleichen.

Viele Bauern bauen ihr Obst nach den EU-Normen an.

Messer, Gabel, Schere, Licht ... Wie schützt uns die EU?

Zirka 1200-mal im Jahr gehen in Ländern der Union Möbel, Zimmer oder ganze Häuser in Flammen auf, weil ein kleines Kind mit einem Feuerzeug gezündelt hat. Ein Thema für den Verbraucherschutz in der EU.

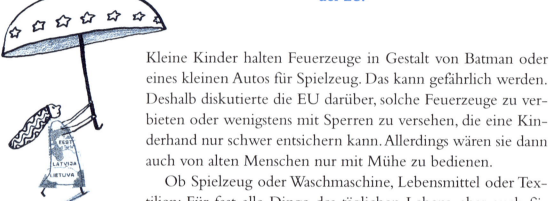

Kleine Kinder halten Feuerzeuge in Gestalt von Batman oder eines kleinen Autos für Spielzeug. Das kann gefährlich werden. Deshalb diskutierte die EU darüber, solche Feuerzeuge zu verbieten oder wenigstens mit Sperren zu versehen, die eine Kinderhand nur schwer entsichern kann. Allerdings wären sie dann auch von alten Menschen nur mit Mühe zu bedienen.

Ob Spielzeug oder Waschmaschine, Lebensmittel oder Textilien: Für fast alle Dinge des täglichen Lebens, aber auch für Dienstleistungen wie Tourismus, Bankgeschäfte oder Versicherungen schreiben EU-Richtlinien bestimmte Standards vor. Manchmal erweisen sich Vorschriften aber auch als überflüssig, weshalb die EU sie dann wieder im Papierkorb versenkt. Anderes hat sich bewährt: Vielleicht hast du auf Spielzeug schon mal das CE-Zeichen für geprüfte Sicherheit gesehen. Oder du guckst dir mal die Etiketten von Kleidungsstücken oder Lebensmittelkonserven an. Fast überall findest du die Handschrift der Union. Auf Schokolade etwa muss vermerkt sein, wenn Nüsse drin sind. Das schützt Allergiker. Bei Kosmetikartikeln, ob Duschgel oder Pflegecreme, begrenzen EU-Vorschriften Art und Menge bestimmter chemischer Inhaltsstoffe und schreiben Hinweise auf mögliche Nebenwirkungen vor. Die EU hilft uns auch beim Preisvergleich: Wer ein neues Auto braucht, kann bei den Europäischen Verbraucherzentralen erfahren, in welchem Land er sein Modell am billigsten kaufen kann.

Der Preisvergleich für Autos erfüllt gleich zwei Aufgaben der EU: Er dient dem Verbraucher und regt den Wettbewerb an.

Spaghetti oder Eiernudeln: Was heißt freier Wettbewerb?

Griechische Weinblätter, italienische Spaghetti, englische Weingummi: Dass sich Europas Vielfalt an Lebensmitteln in den Läden wiederfindet und kein Land lästige Konkurrenz ausbremsen kann, darüber wacht die Union.

Als deutsche Nudelfirmen den italienischen Markt entdeckten, versuchte die dortige Spaghetti-Industrie, den Handel mit der Eierware zu behindern. Italienische Nudeln werden nur aus Hartweizengrieß hergestellt. Der Streit kam vor den Europäischen Gerichtshof. Und der entschied: Ein Verbot der deutschen Nudeln durch Italien verstößt gegen den europäischen Wettbewerb. Mit Verweis auf das Reinheitsgebot für Bier versuchte Deutschland wiederum, sich ausländische Konkurrenz vom Hals zu halten. In deutsches Bier gehören Hopfen und Malz, anderswo wird es auch aus Mais, Reis oder Hirse gebraut. Die Europäische Kommission verklagte die Deutschen und gewann. Wenn draufsteht, was drin ist, dürfen auch Hirse- und Maisbier auf den deutschen Markt.

Jedes Land ist zwar frei, Qualität und Inhalt seiner eigenen Produkte gesetzlich festzulegen, darf dadurch aber nicht den freien Warenverkehr blockieren. Danach darf ein Produkt, das in einem Mitgliedsland rechtmäßig hergestellt worden ist, überall in der EU verkauft werden. Grundlegend dafür war das berühmte „Cassis-de-Dijon"-Urteil des Europäischen Gerichtshofs von 1979. Damals hatte Deutschland versucht, die Einfuhr französischen Johannisbeer-Likörs zu verhindern, weil dieser „Cassis" weniger Alkohol enthält als in der deutschen Branntweinverordnung vorgeschrieben. Der Gerichtshof hat dem Cassis den Weg in deutsche Läden frei gemacht.

Rauchen kann töten! Trinken auch ... Warum wird's nicht verboten?

Rauchen kann töten. Das weiß jedes Kind, spätestens seit es Warnhinweise auf Zigarettenschachteln gibt. Die EU denkt auch über die Gefahren von Alkohol nach. Manchmal dient schon das Reden darüber dem Gesundheitsschutz.

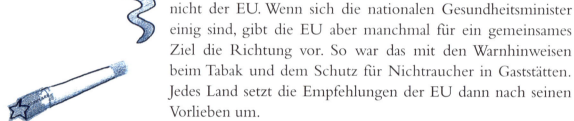

Gesundheitspolitik ist eigentlich Sache der Einzelstaaten und nicht der EU. Wenn sich die nationalen Gesundheitsminister einig sind, gibt die EU aber manchmal für ein gemeinsames Ziel die Richtung vor. So war das mit den Warnhinweisen beim Tabak und dem Schutz für Nichtraucher in Gaststätten. Jedes Land setzt die Empfehlungen der EU dann nach seinen Vorlieben um.

Oft bewirkt schon das öffentliche Reden über ein Thema, dass mancher von uns mit dem Nachdenken über das eigene Verhalten beginnt: Beim Rauchen war und ist das so. Einige Länder haben die Qualmerei in Gaststätten inzwischen ganz verboten, andere schreiben nur Nichtraucherräume vor. Seit Beginn der EU-Gesundheitskampagne haben jedenfalls etliche Raucher den Glimmstängel freiwillig weggelegt, andere sich den Griff danach erst gar nicht angewöhnt.

Meistens dauert es Jahre, bis solche Kampagnen stehen. In diesem Fall versuchte die Tabakindustrie, sie abzuwehren, weil sie befürchtete, dafür mit sinkendem Umsatz und Arbeitsplatzverlusten zu bezahlen. Erfolgreicher war die *Lobby* der Winzer, Brauer und der Branntwein-Industrie: Weil auch Alkohol süchtig machen und Leben zerstören kann, diskutierte die EU ein Werbeverbot für alkoholische Getränke. Heraus kam immerhin der Vorsatz, wenigstens Kinder und Jugendliche besser über die Gefahren des Trinkens aufzuklären.

Lobbyisten werden die Vertreter von Interessensgruppen genannt, die versuchen, auf politische Entscheidungen zu eigenen Gunsten Einfluss zu nehmen.

Brüssels Bürger leben gefährlich. Nicht weil es in der „Hauptstadt" Europas politisch oft hoch hergeht, sondern weil die Luft dort besonders schmutzig ist. Abgase und Feinstaub bedrohen das Leben der Menschen überall in der EU.

Umweltsch(m)utz ist grenzenlos. Was, wenn uns die Luft ausgeht?

Trotz der schönen Natur ist in Teilen Österreichs nach einer Studie die durchschnittliche Lebenserwartung der Menschen wegen des Drecks in der Luft vier bis sechs Monate kürzer als anderswo. In Rom, Mailand, Turin und Verona verhängen die Bürgermeister manchmal Fahrverbote, wenn die Menge an Feinstaub den Menschen gefährlich zu werden droht. Der kommt nämlich zu einem Großteil aus den Auspuffrohren von Dieselautos. London versucht, die Autofahrer grundsätzlich mit einer City-*Maut* aus der Innenstadt fernzuhalten. Die Krankenhäuser in Europas Großstädten haben mal mitgezählt: An besonders „schmutzigen" Tagen müssen sich überall mehr Menschen als sonst mit Herz-Kreislauf-Beschwerden ärztliche Hilfe holen. Das zeigt, wie krank uns Feinstaub machen kann. Deshalb hat die EU Grenzwerte festgesetzt, die keine Stadt überschreiten darf. Notfalls soll es Fahrverbote geben. Sinn ergibt so etwas aber nur, wenn sich alle daran halten. Denn Schmutz in der Luft macht an keiner Grenze halt.

Mit Maut bezeichnet man eine Straßenbenutzungsgebühr.

Auch uns als Verbraucher regt die EU zum Umweltschutz an: zum Beispiel mit der Euroblume. Dieses Symbol soll uns beim Einkaufen daran erinnern, dass jeder von uns etwas für die Umwelt tun kann. Die Blüte der Euroblume besteht aus dem europäischen Sternenkranz (siehe Seite 64). Sie ziert Produkte, die besonders umweltschonend hergestellt wurden und deren Reste man nach Gebrauch weiterverwerten kann.

Mit Umweltgesetzen macht die EU der Industrie Beine: Ab 2009 darf kein Dieselauto mehr ohne Rußfilter fahren. Das beschleunigte die Forschung für sauberere Dieselmotoren.

Wie macht Europa den Briefträgern Beine?

Hast du dich auch schon geärgert, weil ein Geburtstagspaket für dich zu spät ankam? Oder über die Handyrechnung nach dem Urlaub im Ausland? Zu langsam und vor allem zu teuer findet auch die EU in Europa die Kommunikation.

In vielen Ländern ist die Post in der Hand eines einzigen Unternehmens. Mit der Abschaffung dieser Monopole will die EU den Brief- und Paketträgern Beine machen. Wie in jedem Wirtschaftszweig gilt auch hier: Konkurrenz belebt das Geschäft. Bieten mehrere Firmen das Gleiche an, können wir als Verbraucher unter verschiedenen Angeboten das beste aussuchen. Beim Telefonieren haben einige Netzbetreiber in europäischen Ländern nicht nur die Kunden, sondern auch die Preishüter der EU auf die Palme gebracht. Vielleicht hast du selbst ja schon in den Ferien vom Ausland aus wie gewohnt mit deinen Freunden zu Hause geplaudert. Wieder daheim, ist dir dann der Schreck über die unerwartet hohe Handyrechnung in die Glieder gefahren. Die Netzbetreiber haben bei dir mit sogenannten Roaming-Gebühren ordentlich abkassiert. Zwar entstehen ihnen tatsächlich Zusatzkosten, wenn ein Kunde das Netz einer anderen nationalen Gesellschaft benutzt. Doch was die Betreiber selbst dafür zu bezahlen haben, ist bei Weitem nicht so hoch wie das, was manche in Rechnung stellen.

Dich hat's vielleicht nur geärgert. Du hast dir einfach vorgenommen, dir das Telefonieren im Ausland künftig zu sparen. Wer aber geschäftlich in Europa unterwegs sein will oder muss, der kann solch unkalkulierbaren Kosten nicht entkommen. Die EU hat die Netzbetreiber erst mehrfach ermahnt. Ohne Erfolg. Deshalb werden diese überhöhten Gebühren verboten.

Die EU greift ein, wenn ein Unternehmen den Wettbewerb behindert oder unfair mit seinen Kunden verfährt.

Steffi ist glücklich: Ein Musikprodu-zent hat mit ihrer Band eine CD aufgenommen. Die jahrelange Arbeit an Songs und Sound hat sich gelohnt. Vielleicht kann sie sich mit ihrer Musik doch noch ein Studium finanzieren.

Fette Beute in der EU: Wer jagt die Piraten?

Arme Steffi! Kaum ist ihre CD auf dem Markt, kassieren andere Leute ab: Raubkopierer bieten ihre Musik übers Internet an, ohne dass sie auch nur einen Cent davon hat. Auch Clara wurde gelinkt: Für einen Spottpreis hat sie im Netz Markenschuhe und -kleider bestellt, dann aber beim Auspacken ihren Augen kaum getraut – die Schuhe waren gefälscht, das Kleid bestand aus billigem Stoff und war schlampig genäht.

Steffi und Clara wurden zu Opfern von Produktpiraten. Steffi wurde um ihr geistiges Eigentum, ihre Musik, betrogen und dann um den Lohn gebracht. Clara wurde mit gefälschter Ware übers Ohr gehauen. Beides ist Betrug und hat mit Spaß nichts zu tun. Jährlich werden von Fälschern Geschäfte im Wert von rund 250 Milliarden Euro gemacht. Die reichen von der illegal kopierten CD über vermeintliche Markenklamotten bis zu nachgebauten Elektrogeräten, an denen man sich schnell die Finger verbrennen kann. Selbst gefälschte Medikamente werden verkauft. Sie bewirken oft nichts, weshalb ihre Einnahme gefährliche Folgen haben kann. Bei einer Razzia in Antwerpen fand die Polizei einmal auf einen Schlag acht Millionen illegale Zigaretten. Bei ihrem Verkauf wären dem Staat 1,3 Millionen Euro an Steuern und Zoll entgangen. Industrie und Handel verlieren durch die Fälscher nicht nur viel Geld, sondern europaweit jährlich rund 17 000 Arbeitsplätze. Die EU macht deshalb Jagd auf diese Piraten. Die einzelnen Länder unterstützen sich dabei.

Auf Produktpiraterie stehen hohe Strafen: Bis zu vier Jahren Haft und mindestens 100 000 Euro.

Stadt, Land, Fluss ... Wer rettet Elster und Adlerhorst?

Schluss mit der schmutzigen Brühe in Gera! PC- und Internet-Training für die Leute von Hallabro. Ein Kultur- und Lernzentrum für das irische Ballmun: Die EU hilft den Gemeinden und Regionen vor Ort, wenn es um deren Zukunft geht.

Was dem Fortschritt dient, dient auch der Union. Deshalb unterstützt die EU nicht nur Staaten, sondern auch Gemeinden und Regionen. In den neuen Mitgliedsländern vor allem in Osteuropa hilft sie beim Aufbau der Infrastruktur, bei Straßenbau, Ortssanierungen, der Modernisierung von Schulen oder dem Schutz der Natur.

Aber auch in wohlhabenden Ländern wie zum Beispiel Schweden gibt es noch was zu tun: In der Region Blekinge musste verhindert werden, dass die kleinen Dörfer aussterben. Die Union half dabei, dort Arbeitsplätze zu schaffen, damit die jungen Leute nicht in die Städte ziehen. Sie finanzierte Zentren für Computer- und Informationstechnologie. Darin können die Dorfbewohner sich jetzt an PCs schulen lassen, sich via Internet in der Welt umsehen oder sich eine eigene E-Mail-Adresse anlegen. Die örtlichen Handwerker nutzen die Zentren für ihre Geschäfte. Die Region zieht mit diesem Angebot neue Firmen aufs Land und in ihre Dörfer, wo die Einheimischen dann Arbeit finden.

Die Stadt Gera in Thüringen ließ sich von der EU bei der Rettung der Weißen Elster unter die Arme greifen: Der kleine Fluss hatte schwer an den schmutzigen Abwässern zu tragen, die Industriebetriebe jahrzehntelang ungefiltert dort eingeleitet haben. Die EU half der Stadt beim Bau einer modernen Kläranlage. Jetzt fressen Mikroorganismen die giftigen Stoffe auf, bevor sie in den Fluss gelangen können. Und die „Weiße" Elster trägt wieder zu Recht ihren Namen. Ihr bleiben so jährlich 500 Tonnen Stickstoff und 70 Tonnen Phosphat erspart. Die Kläranlage versorgt sich selbst mit Strom: Denn die Gase, die beim Trocknen des Restschlamms entstehen, erzeugen die Energie, die ihre Motoren drehen.

In den Alpen unterstützt die Union ein sogenanntes „*Habitat*"-Programm, an dem Österreich, Frankreich, Deutschland, Italien und das Nicht-EU-Land Schweiz beteiligt sind: Hier geht es darum, die Natur- und Kulturlandschaft Alpen als Lebensraum für Tiere und Pflanzen zu bewahren.

Habitat heißt Wohnraum (von lat. habitare = wohnen).

Den Iren spendierte die Union einen Zuschuss für ein Projekt in der Nähe von Dublin, das der Wirtschaft, der Kultur, aber auch den Bürgern und Kindern, die sonst wenig Zugang zu Bildung haben, zugutekommt. Dort half sie beim Bau eines Kunst- und Gemeinschaftshauses, in dem nicht nur neue Arbeitsplätze, sondern auch ein kleines Theater, Übungsräume für Kinder, ein Tanzstudio und ein Konferenzzentrum entstanden sind.

Die EU kümmert sich u. a. um den Umweltschutz und um Förderprogramme für benachteiligte Regionen.

Ariane ist unser Mädchen fürs All. Und was macht Galileo?

Erinnerst du dich an die schöne Europa, der unser Kontinent seinen Namen verdankt? Auch deren Enkelin Ariadne hat es aus der Antike bis ins dritte Jahrtausend geschafft. Mit ihr ist die Union unterwegs ins All.

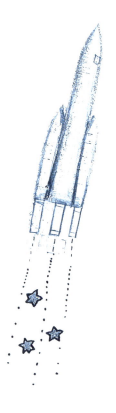

Nur das „d" im Namen hat sich die Europäische Gemeinschaft gespart, als sie ihre Weltraum-Rakete „Ariane" nach der Tochter des kretischen Königs benannte. Um in Forschung und Technik im All nicht von den USA und der russischen Raumfahrt abgehängt zu werden, hat Europa sein eigenes Himmelfahrtsprogramm. Die Weltraumagentur ESA (European Space Agency) ist dafür zuständig. In ihrem Auftrag fliegt die Trägerrakete Ariane ins All, um Satelliten und anderes Forschungsgerät dorthin zu bringen. Der europäische Weltraumbahnhof Kourou liegt allerdings auf einem anderen Kontinent, in Französisch-Guayana nahe am Äquator, weil von dort aus die Erdumlaufbahn leichter erreicht werden kann.

Gut zu tun hat Ariane mit Galileo: So heißt das europäische Satelliten-Navigationssystem. Für dieses System stand der italienische Mathematiker, Physiker und Philosoph Galileo Galilei Pate, der als Erster bewiesen hat, dass sich die Erde um die Sonne dreht und nicht umgekehrt. Unser „Weltraum-Galileo" soll ab 2010 dreißig Satelliten unterstützen, vom All aus Autos zu navigieren, Flugzeugen und Rettungsdiensten den Weg zu weisen, die Vermessung der Erde erleichtern und unter anderem auch Notrufe zum Beispiel von den Schiffen der Weltmeere auffangen und weiterleiten. Die EU plant, durch Galileo bis zu 150 000 neue Arbeitsplätze zu schaffen. Mit Galileo ist Europa rund um den Erdball unterwegs.

EU und du

Was gibt's bei Sokrates, Comenius und Co.?

Wie leben die jungen Leute in Tallinn oder Budapest, Lissabon oder Göteborg, Prag oder La Valletta? Schau dich doch einfach mal um in den anderen Ländern der EU. Berühmte Gelehrte aus Europa laden dich dazu ein.

Der griechische Philosoph Sokrates lebte im fünften Jahrhundert vor Christus. Seine Botschaft war: Wer die Welt erkennen will, darf nie aufhören zu fragen. Unter dem Dach des EU-Projektes „Sokrates" stehen alle Bildungs- und Sprachprogramme der Union.

Für ihre Jugendprogramme hat sich die EU aus gutem Grund prominente Namen wie den des antiken griechischen Philosophen Sokrates, des spätmittelalterlichen tschechischen Gelehrten Comenius und des niederländischen Menschen- und Friedensfreundes Erasmus von Rotterdam ausgesucht: Alle forschten nach Wissen und Wegen, wie der Mensch mehr über die Welt erfahren und friedlicher mit anderen zusammen in ihr leben kann. Das genau ist das Ziel der Europäischen Union, und dafür will sie auch ihre 140 Millionen Kinder begeistern.

Bist du neugierig darauf, wie es in anderen Ländern zugeht? Wünschst du dir Freunde in Litauen oder Lettland, Polen oder Portugal, Spanien oder Schweden? Vielleicht würdest du ja auch gern eine Zeitlang im europäischen Ausland leben und lernen. Das alles ist durch die EU einfacher geworden, nicht nur, weil uns die Grenzen zu den anderen Staaten der Gemeinschaft offenstehen. Die Union ermuntert euch ausdrücklich dazu. Sie lädt euch ein und hilft euch dabei, einander näher kennenzulernen, damit ihr die Zukunft gemeinsam gestalten könnt. Dafür macht sie sogar schon Kindergartenkindern ein Angebot. Eingeladen sind aber vor allem Schüler und Schulen, Auszubildende, Studenten und junge Berufsanfänger sowie deren Lehrer. Außerdem könnt ihr im Europäischen Jugendparlament mitarbeiten und den Politikern in Straßburg und Brüssel auf die Finger sehen (siehe Seite 107).

Das Märchen vom hässlichen Entlein als litauisch-dänisches Tanztheater, ein deutsch-schwedisches Lexikon als klingendes Wörterbuch: Das haben europäische Kindergartenkinder und Schüler mit Comenius' Hilfe zustande gebracht.

Was kannst du alles in Europa tun?

Für das „Hässliche Entlein" hat sich eine litauische Vorschule drei- bis fünfjährige Partner in einem dänischen Kindergarten gesucht. Das deutsch-schwedische Wörterbuch mit Hörbeispielen schrieben und gestalteten Hauptschüler aus Deutschland gemeinsam mit schwedischen Kolleginnen und Kollegen bei einem gegenseitigen Besuch. Deutsche und tschechische Tischlerlehrlinge planten, entwarfen und bauten zusammen Wandschränke für das Wurfspiel Dart. Ein zweiwöchiger Austausch der jungen Leute gehörte dazu. Dabei kamen zwölf Schränke zustande, die die künftigen Handwerker Seniorenheimen und Jugendclubs in ihren Ländern schenkten. Nebenbei lernten die jungen Leute die Sprache ihrer Partner und erfuhren eine Menge darüber, wie die anderen in ihrem eigenen Land leben. Ermöglicht hat ihnen das Comenius, das Bildungsprogramm der Europäischen Union.

Comenius bietet solche Aktionen zum Austausch von Schulen, Schülern und Lehrern an und gibt das nötige Geld dazu. Comenius hilft, dass sich die richtigen Partner finden und kennenlernen können. Das Programm richtet sich an alle Schulen – von der Vorschule über die Grund-, Haupt-, Real-, Berufsschulen bis zu den Gymnasien. Comenius unterstützt die Schulen, gegenseitige Besuche zu organisieren, Auslandsaufenthalte und Praktika vorzubereiten, und ist beim Aufbau von Netzwerken für europäische Schüler und Schulen behilflich.

Johann Amos Comenius lebte im 17. Jahrhundert. Er forderte, an Schulen müssten „alle alles" lernen können.

Beispiele, Tipps und ein „Schwarzes Brett" zur Partnersuche für Comenius-Projekte gibt es unter dem Link „Partnersuche" hier: www.kmk.org/pad/sokrates2/sokrates/fr-sokrates.htm

Wohin kannst du mit Erasmus reisen?

Malgorzata aus Polen will ein Semester in Portugal studieren, Tarja aus Finnland sehen, ob er für seine Gärtnerlehre in Frankreich etwas dazulernen kann. Die EU macht's möglich: Erasmus hilft Studenten, Leonardo im Beruf.

Nach der Schule fängt das Lernen erst richtig an: Im Studium, spätestens bei der Berufsausbildung musst du die ersten Schritte auf eigenen Füßen ins Leben tun. Die EU reicht dir dabei die Hand, wenn diese Schritte dich in Richtung Europa führen: mit Stipendien und Praktika und der Vermittlung von Arbeit für junge Leute in der Union. Die „Paten" dafür sind die Berufsbildungsprogramme „Erasmus" und „Leonardo". Erasmus von Rotterdam war ein Universalgelehrter im 15. Jahrhundert und setzte sich für die Freiheit des Denkens ein. „Leonardo" ist nach Leonardo da Vinci, dem berühmten italienischen Künstler, Naturforscher und Ingenieur des 15. Jahrhunderts benannt. „Erasmus" unterstützt Studenten, die ein oder zwei Semester an einer Universität im europäischen Ausland verbringen wollen. „Leonardo" ermöglicht es Auszubildenden, eine Stelle für ein Praktikum in einem Betrieb eines anderen Mitgliedsstaates zu finden.

Wer seine Ausbildung bereits abgeschlossen hat, kann sich danach mithilfe von Leonardo eine Zeitlang im Ausland umsehen. Praktika in Europa gibt es auch für Studenten. Lehrherren, Lehrern und Berufsberatern ermöglicht die Union, sich anderswo in Europa in ihren Fachgebieten fortzubilden. Viele Unternehmen arbeiten bereits international und haben Niederlassungen in verschiedenen Ländern der EU. Auch sie profitieren von diesen Bildungsangeboten.

Alles über Erasmus und Leonardo erfährst du unter www.sokrates-leonardo.de

Um deine Nachbarn kennenzulernen, musst du nicht gleich ins Ausland gehen. Mit „Jugend für Europa" unterstützt die Union Aktionen, die junge Leute aus aller Herren Länder bei uns in unser Leben mit einbeziehen.

Was macht Jugend für Europa?

Jugendliche einer hessischen Kleinstadt bauten einen alten Eisenbahnwaggon zum Multikulti-Café um. In der bayerischen Oberpfalz lud eine Jugendgruppe Gleichaltrige aus dem Nachbarland Tschechien für ein Wochenende zum gemeinsamen Rappen und zum Gedankenaustausch über Gewalt gegen Rechts ein. In Hamburg diskutierten die christlichen „Karo-Girls" aus der Karolinenstraße in einem Mädchentreff mit jungen Muslimas, Romas und Buddhistinnen über ihre unterschiedlichen Religionen. Im Münsterland stellten Jugendliche aus Deutschland, England, Frankreich, Spanien, Litauen und Polen gemeinsam bei einem Fest der Kulturen einen „europäischen" Maibaum auf.

Solche Aktionen werden unterstützt von der Europäischen Union. Mit ihrem Programm „Jugend für Europa" finanziert die EU nicht nur Auslandsaufenthalte, sondern auch Projekte von jungen Leuten für junge Leute in jedem einzelnen Mitgliedsstaat. Die Ideen dafür müssen die Jugendlichen allerdings selber haben. Ob es darum geht, das Zusammenleben in der eigenen Stadt zwischen Menschen verschiedener Nationalitäten zu verbessern, Netzwerke aufzubauen, grenzüberschreitende Themen wie Drogen, Rassismus oder Arbeitslosigkeit aufzugreifen oder einfach bei Musik, Kunst oder Sport zusammen zu sein: „Jugend für Europa" will den Bürgersinn und das Verständnis zwischen den Menschen wecken und fördern.

Weitere Informationen gibt es hier: www.jugendfuereuropa.de oder www.machwasdraus.de

Freiwillige vor! Wie wirst du zum EuroPeer?

Ein halbes oder ein ganzes Jahr nach Finnland, ohne einen Cent dafür zu bezahlen? Oder auf Kosten Europas Spaniens Süden kennenlernen? Das wäre doch eine feine Sache. Ein bisschen was tun musst du dafür allerdings schon!

Zum Beispiel mitarbeiten in einem Jugendzentrum. Oder den Lehrern an einer Grundschule zur Hand gehen. Du kannst auch Behinderte betreuen, helfen, einen Wald aufzuforsten, alte Menschen besuchen, ein internationales Theaterfestival mit auf die Beine stellen, anpacken, wenn es darum geht, ein Sportheim zu renovieren, oder Freizeitaktionen für andere Jugendliche organisieren. Die Möglichkeiten sind grenzenlos – wie überhaupt der „Europäische Freiwilligendienst" der Union. Er bietet unter dem Dach „Jugend für Europa" (siehe vorherige Seite) jungen Leuten an, auf Kosten der EU sechs bis zwölf Monate als freiwillige Helfer einer sozialen oder gemeinnützigen Organisation in einem anderen Mitgliedsland mit Gleichaltrigen zu arbeiten und zu leben. Sprachkurs und Taschengeld gibt es kostenlos dazu, sogar die Reise zahlt die Union. Das Einzige, was du dir suchen musst, ist eine Entsende-Organisation, das heißt, eine soziale Einrichtung wie zum Beispiel das Rote Kreuz, einen Jugendring oder einen Verein in deinem Heimatland, der dich offiziell „entsendet" und dabei hilft, einen geeigneten Partner in deinem Wunschland zu finden.

Mit dem freiwilligen Dienst können junge Leute nicht nur Europa vor Ort kennenlernen, sondern neue Kontakte knüpfen. Auch zu Hause: Viele Ehemalige schließen sich den „EuroPeers" an, tauschen ihre Erfahrungen aus und berichten in ihrem Heimatland über ihren Einsatz in und für Europa.

Tipps und Anlaufstellen für den Freiwilligendienst findest du unter www.go4europe.de

EuroPeers heißt so viel wie Freunde Europas. Mehr dazu unter www.europeers.de

Auch „große" Kinder spielen gern: zum Beispiel Europa. Dreimal im Jahr tun 250 Schüler und Studenten zwischen 16 und 22 Jahren aus 30 Ländern so, als wären sie Abgeordnete des Europaparlaments: im Europäischen Jugendparlament.

Von Schülern für Schüler: Was gibt's im Jugendparlament?

Wie wäre es, wenn du selbst ein Politiker wärst und Entscheidungen für die Europäische Union treffen müsstest? Tausende von Schülern und Schülerinnen zwischen 16 und 22 Jahren in 30 europäischen Ländern üben das jedes Jahr. Jeweils 250 von ihnen ziehen dann ins Europäische Jugendparlament, um dort über ein politisches Problem, das ganz Europa betrifft, zu debattieren, Lösungsmöglichkeiten zu finden und darüber abzustimmen. Genauso wie die richtigen Abgeordneten im Straßburger Europaparlament.

Die Plenarsitzungen des Jugendparlaments finden dreimal im Jahr jeweils in einer anderen europäischen Stadt statt. Wie im richtigen Leben werden dessen künftige Abgeordnete gewählt: Das tun die nationalen Vereine des European Youth Parliament, die von Schülern und Studenten gegründet wurden. Das Geld dafür spenden Firmen und politische Organisationen, darunter das „echte" Europäische Parlament und die Kommission der EU. Für die Vor-Auswahl können sich jeweils achtköpfige Teams von Schulen bewerben. Sie müssen auf Englisch oder Französisch eine Resolution zu einem politischen Thema erstellen. Zum Beispiel: Was kann Europa dafür tun, dass kein Mensch mehr vor der Armut in seinem Land woandershin fliehen muss? Aus diesen Teams werden von jedem Land die besten ausgewählt, die sich dann im Europäischen Jugendparlament treffen.

Hier geht es zum Europäischen Jugendparlament: www.eyp.de

Fahr doch mal hin!
Wo, bitte,
geht's zur EU?

Du möchtest mal persönlich mit einem Europa-Abgeordneten reden? Oder dir vor Ort anschauen, wie es in Straßburg zugeht? Vielleicht sogar eine Debatte im Parlament live miterleben? Alles ist möglich, so kommst du hin:

Deinen örtlichen Europa-Abgeordneten kannst du natürlich am einfachsten zu Hause in seinem Büro besuchen. Du musst dich nur erkundigen, wann er Sprechstunde hat. Das Europäische Parlament hat aber auch ein extra Besuchsprogramm für Schulen. Es heißt Euroscola und bietet Klassenfahrten nach Straßburg an. Voraussetzung ist allerdings, dass ihr einigermaßen Englisch oder Französisch sprechen und verstehen könnt. Außerdem müsst ihr mindestens 16 Jahre alt sein und euch mit dem Thema Europa in der Schule beschäftigt haben. Einen Lehrer müsst ihr auch mitbringen. Ihr könnt euch bewerben beim Informationsbüro des Europäischen Parlaments, Allée du Printemps, Bâtiment Louise Weiss, BP 1024/F, F-67070 Strasbourg Cedex oder via E-Mail: epstrasbourg@europarl.eu.int.

Näher ist das Büro des Europäischen Parlaments in Berlin. Dort könnt ihr via Satelliten-Fernsehen Debatten live miterleben. Das Info-Büro (Service-Punkt Europa, Unter den Linden 78, 10117 Berlin, e-mail: epberlin@europarl.europa.eu) bietet extra Veranstaltungen für Schülergruppen an. Jede Menge weitere Informationen gibt es für euch unter dem Link „Jugend" auf der deutschen Website des Parlaments www.europarl.de. Dort findest du auch die Adressen deiner örtlichen Europa-Abgeordneten und des Münchner Informationsbüros. In München gibt es auch eine Niederlassung der Europäischen Kommission.

Noch Fragen zur EU? Auskunft gibt es bei der gebührenfreien Hotline des Europäischen Service-Centers in Brüssel mit der Telefonnummer 00 800 6789 10 11.

Wir sind EU

Von B wie Belgien bis Z wie Zypern: Wer sind wir, und wer gehört dazu?

Bald ist die halbe Milliarde voll: Über 480 Millionen Bürger leben in der EU. Das sind fast doppelt so viele Menschen wie die Einwohner der USA. Wäre Europa ein Staat, wären wir nach China und Indien das drittgrößte „Volk" der Erde.

Die Europäische Union erstreckt sich seit 2007 mit ihren 27 Mitgliedsstaaten über rund vier Millionen Quadratkilometer. In die USA würde dieses Gebiet fast zweieinhalb Mal hineinpassen. Auf der Fläche der EU leben aber mehr Menschen als in Nordamerika mit seinen 281 Millionen. Die Staaten der Union buchstabieren sich von B bis Z so: Belgien, Bulgarien, Dänemark, Deutschland, Estland, Griechenland, Großbritannien, Finnland, Frankreich, Irland, Italien, Lettland, Litauen, Luxemburg, Malta, Niederlande, Österreich, Polen, Portugal, Rumänien, Schweden, Slowenien, Slowakei, Spanien, Tschechische Republik, Ungarn und Zypern. Deutschland, Frankreich und Großbritannien haben die meisten Einwohner: Die Deutschen bringen es auf rund 82 Millionen, Franzosen und Briten auf rund 61 und 60 Millionen. Das kleinste Mitglied der europäischen Familie ist Malta mit gerade mal 400 000 Menschen.

Zur Union gehören einige der reichsten Städte der Welt wie London oder Paris, aber auch einige abgelegene ärmliche Regionen, die besonders auf die Hilfe der anderen angewiesen sind. Das sind zum Beispiel Gegenden in den osteuropäischen Staaten, deren Einwohner nur ein Drittel dessen an Geld zur Verfügung haben wie der europäische Durchschnittsbürger. Die Union gibt über ein Drittel ihres Geldes aus, um dort neue Arbeit zu schaffen und den Nachzüglern damit auf die Beine zu helfen. Im Vergleich mit dem Rest der Welt geht es Europa sehr gut. Wir haben nach den USA und Japan den dritthöchsten Lebensstandard. Ein Dach über dem Kopf, ein Arzt in der Nähe, Schulen, Straßen, ein Auto – all das ist für die meisten Europäer eine Selbstverständlichkeit. Wir haben nicht nur alles, was der Mensch zum Leben braucht, sondern vieles darüber hinaus.

Die Kaufkraft der Europäer ist hoch, auch wenn sie in den einzelnen Mitgliedsstaaten noch sehr unterschiedlich ist: Ein MP3-Player, der dir bei uns billig erscheint, kann zum Beispiel für einen Rumänen unerschwinglich teuer sein. Vor allem in den Ländern Osteuropas verdienen die Menschen sehr viel weniger Geld als anderswo. Insgesamt aber können wir Europäer uns ein Drittel mehr leisten als noch vor zehn Jahren.

Um so viel ist die Kaufkraft nach oben geschnellt.

Die Union ist eine der bedeutendsten Handelsmächte der Welt. Ein Fünftel aller Waren, die rund um den Erdball gehandelt werden, also aller *Exporte* und *Importe*, kommt aus der oder wandert in die EU. Wobei unsere politische Familie die meisten Geschäfte untereinander macht.

Export bedeutet ausgeführte Waren; **Import** eingeführte Waren.

Flaggen der EU-Mitgliedsstaaten

Ein Tor, ein Turm, die Queen und eine grüne Insel: Wer ist das?

Deutschland, Frankreich und das Vereinigte Königreich Großbritannien sind die drei Großen der EU. Mit den ersten beiden fing Europas Einigung an. Und weil Irland zu den Britischen Inseln gehört, hängt es sich hier mit dran.

Manchmal schickt die EU ihre „großen Drei" vor, um in besonders heiklen Konflikten mit anderen Staaten der Welt zu verhandeln. Das war zum Beispiel beim Streit mit dem Iran um dessen Atomkraftwerke so.

Ein Symbol für deine Heimat Deutschland ist das Brandenburger Tor in Berlin. Es erzählt aus unserer Geschichte, weil es nach dem Zweiten Weltkrieg und der Teilung der Stadt und des Landes fast 50 Jahre lang verschlossen war. Seit der Wiedervereinigung ist Deutschland 357 000 Quadratkilometer groß, auf denen 82 Millionen Menschen leben. Wir sind das bevölkerungsreichste Land der EU. Europa half uns, nach dem Fall der Berliner Mauer die Lebensverhältnisse im Osten denen des Westens anzupassen. Allein von 2000 bis 2006 bekamen die neuen Bundesländer Brandenburg, Mecklenburg-Vorpommern, Sachsen, Sachsen-Anhalt und Thüringen über 19 Milliarden Euro von der Union. Von der Kaufkraft her stehen wir in der Union an elfter Stelle.

Baguettes und Eiffelturm hast du vielleicht beim Gedanken an Frankreich vor Augen. Von der Fläche her ist unser westlicher Nachbar mit 551 500 Quadratkilometern das größte Land der EU, mit 61 Millionen Einwohnern steht es nach Deutschland auf dem zweiten Platz. Das Wahrzeichen seiner Hauptstadt Paris ist der 324 Meter hohe Eiffelturm. Durch Frankreich hat die EU ein Bein in Südamerika: denn zur französischen Republik gehört auch Guayana. Dort, in Kourou, ist „unser" Weltraumbahnhof (siehe Seite 100). Mit Frankreich und Deutschland begann die europäische Einigung. Noch heute gelten wir als treibende Kraft in der Union, auch wenn die Franzosen mit ihrem „Nein" das nächste große Ziel Europas, eine gemeinsame Verfassung, erst mal gestoppt haben (mehr dazu Seite 132 f.).

Die Briten zögerten lange, eine Brücke zum Kontinent zu schlagen.

Dabei war es ein britischer Staatsmann, der am Ende des Zweiten Weltkriegs den Anstoß zur europäischen Einigung gab. Winston Churchill wollte vor allem die ewigen Streithähne Deutschland und Frankreich miteinander versöhnen. Bis zum Ende des vergangenen Jahrhunderts war das Vereinte Königreich (so heißt Großbritannien offiziell) nur übers Wasser oder durch die Luft zu erreichen. Erst seit 1994 verbindet der 50 Kilometer lange Eurotunnel unter dem Ärmelkanal die Briten mit den Festland-Europäern. Das Königreich besteht aus England, Nordirland, Schottland und Wales. Mit einer Gesamtfläche von 243 000 Quadratkilometern und 60 Millionen Einwohnern ist es Europas größter Inselstaat.

Früher war England die bedeutendste See- und Kolonialmacht der Welt. Noch heute verbeugen sich in den Staaten des sogenannten Commonwealth – Australien, Kanada und Neuseeland – die Menschen vor der britischen Queen. Sie ist formal deren Staatsoberhaupt. Das einstige britische „Empire" (Reich) reihte sich erst 1973 in die europäische Gemeinschaft ein. Die Hauptstadt London ist berühmt für den Buckingham-Palast, aber auch als größter Finanzplatz der Welt. Dort gibt es über 500 ausländische Banken.

Zeitgleich mit Großbritannien – 1973 – wurde Irland Mitglied der EWG. Der größere, südliche Teil der „Grünen Insel" mit vier Millionen Einwohnern, 70 300 Quadratkilometern Größe und der Hauptstadt Dublin hat seine Wirtschaftskraft seitdem verdoppelt. Von der Fläche her steht Irland zwar nur auf Platz 14 in der EU, ist aber ihr zweitreichster Staat.

Den Namen „Grüne Insel" trägt Irland wegen seiner saftig grünen Wiesen.

Drei besondere Freunde: Was sind die Benelux-Staaten?

Keine Zölle, keine Schranken, freier Grenzverkehr - was die EU Schritt für Schritt auf- und ausgebaut hat, machten drei Länder im Westen Europas den anderen schon länger vor: Belgien, die Niederlande und Luxemburg.

Diese drei Staaten rissen bereits 1948, als gerade der Gedanke an eine Europäische Wirtschaftsgemeinschaft geboren war, die Zoll- und Handelsschranken untereinander nieder. Sie schlossen sich unter dem Namen BeNeLux (das „Ne" steht für den richtigen Namen der Niederlande „Nederland") zusammen.

1960 wurde daraus eine Wirtschaftsunion.

Diese Union war der erste europäische Binnenmarkt mit freiem Handels-, Waren-, Personen- und Geldverkehr.

Der kleinste dieser Staaten (und nach Malta zweitkleinste Staat der EU) hat es damit am weitesten gebracht: Das Großherzogtum Luxemburg mit einer Fläche von gerade mal 2 586 Quadratkilometern und knapp 460 000 Bürgern ist das reichste Land der Union. Früher galt es als Steueroase: Weil dort auf Geldanlagen keine Steuern fällig wurden, brachten reiche Ausländer gern ihr Geld dorthin, um es vor dem heimischen Finanzamt zu verstecken. Mit der EU hat sich das geändert: Jetzt müssen die Geld-Flüchtlinge in Luxemburg Steuern zahlen. Die gleichnamige Hauptstadt des Landes, Luxemburg, kennst du als Sitz wichtiger Europa-Institutionen: Hier wird das Parlament verwaltet, hat die Kommission Büros und sitzen der Europäische Gerichts-, der Rechnungshof und der Europarat. Die Luxemburger sind Europäer der ersten Stunde und strengen sich noch heute besonders für Europa an. Dafür bekam das ganze Volk 1986 den Karlspreis der Stadt Aachen (siehe Seite 18).

Auch die Hauptstadt Belgiens, Brüssel, ist eine Metropole der EU: Hier trifft sich die Europäische Kommission. Belgien gehört zu den Gründerstaaten des vereinten Europa. Mit 10,5 Millionen Einwohnern auf einer Fläche von 30 528 Quadratkilometern ist es der achtgrößte Mitgliedsstaat. Staatsoberhaupt ist König Albert II. Was für Paris der Eiffelturm, ist für Brüssel das Atomium: Dieses Wahrzeichen der Stadt wurde zur Weltausstellung 1958 gebaut. Es ist die 150-milliardenfache Vergrößerung eines Eisenmoleküls, in dessen neun Kugeln (=Atomen) man hochklettern und darin herumspazieren kann.

Der größte Benelux-Staat sind die Niederlande, die oft fälschlicherweise Holland genannt werden. Holland ist aber nur ein Teil davon. Der allerdings hat das Land durch seine Tulpen und den Käse besonders bekannt gemacht. Auch die Niederlande sind einer der sechs Gründerstaaten der EU. Die Hauptstadt des Königsreichs ist Amsterdam, regiert wird in Den Haag, Staatsoberhaupt ist Königin Beatrix.

**Das Atomium
in Brüssel**

Nieder mit den Alpen ... Wo, bitte, geht's zum Meer?

Mit Recht würden die Österreicher aufschreien, würde jemand ihre schönen Berge plattmachen wollen. Das will ja auch keiner, ist das Alpenland für viele Nordlichter doch begehrtes Urlaubsziel – und eine Brücke in den Süden.

Darüber sind unsere 8,1 Millionen Nachbarn nicht nur begeistert: Vor allem in Ferienzeiten quält sich eine Blechlawine durch die fast 84 000 Quadratkilometer große Alpenrepublik. Bei diesem Thema setzt Österreich auf die Solidarität der EU, um Land und Leute vom *Transit*verkehr zu entlasten, vielleicht mit einem Alpentunnel. Seit 1995 gehört das Land zur Union. Im Gegensatz zu anderen europäischen Ländern ist es für Österreich nichts Neues, verschiedene Nationalitäten unter einen Hut zu bekommen: Von seiner Hauptstadt Wien aus wurde ein Vielvölkerstaat regiert, der bis auf den Balkan reichte. Die Wiener Hofburg ist noch heute Österreichs Symbol.

Transit bedeutet Durchreise, Durchfahrt.

Italien, der nächste Staat im Süden, gehört zu den Gründern der EU. Das mit 57 Millionen Menschen viertgrößte Land der Union reicht von Südtirol bis ins sonnige Sizilien. Entsprechend vielfältig sind die einzelnen Regionen und deren Bedürfnisse in dem 301 318 Quadratkilometer großen Land. Im Vergleich zu dem reichen Norden mit viel Industrie ist der Süden, in dem es wenig Arbeit gibt, noch recht arm. Eine Besonderheit weist Italiens Hauptstadt Rom auf: Mit dem Vatikan existiert dort ein (Kirchen-)Staat im Staat, dessen Oberhaupt, der Papst, zugleich die katholische Kirche unter sich hat. Auch das kleine San Marino ist ein eigener Staat, steht aber unter dem Schutz Italiens. Begehrt sind die Euro-Münzen dieser beiden kleinen Länder, weil es von ihnen nur wenige gibt.

Seit die Schlagbäume weg sind, reist man auch schneller in zwei andere Staaten im Süden: nach Spanien am Mittelmeer und nach Portugal, dessen westlichem Nachbarn am Atlantik.

Die Länder der Iberischen Halbinsel stießen 1986 zur EU.

Spanien misst 506 000 Quadratkilometer und beheimatet 44 Millionen Menschen, von denen einige auf den Ferieninseln der Balearen, auf Madeira und den Kanaren wohnen. Spaniens Hauptstadt Madrid ist berühmt für ihre Kunstdenkmäler und ihre Königsfamilie (Staatsoberhaupt ist König Juan Carlos I.). In Spanien und Portugal muss die EU in den brütend heißen Sommermonaten manchmal Feuerwehr spielen: Weil die riesigen Wälder dort immer wieder in Flammen stehen. Die 10,4 Millionen Portugiesen und ihr fast 92 000 Quadratkilometer großes Land werden von der Hauptstadt Lissabon aus regiert.

In Spanien, Portugal und einem dritten südlichen Staat, Griechenland, hat das politische Europa bewiesen, wie es die Freiheit auf dem Kontinent stärken kann: Diese drei Länder waren vor wenigen Jahrzehnten noch Diktaturen. Die Gemeinschaft half ihnen, zu stabilen Demokratien zu werden.

Griechenlands Hauptstadt Athen war in der Antike die Geburtsstätte der Demokratie und hat sich 1981 als siebter EWG-Staat auf den Weg in die Union gemacht. Das Land mit den vielen Inseln ist 132 000 Quadratkilometer groß und Heimat von 5,2 Millionen Menschen.

Unser kleinstes Familienmitglied ist Malta. Der nur 316 Quadratkilometer große und aus drei Inseln bestehende 400 000-Einwohner-Staat mit der Hauptstadt Valletta liegt südlich von Sizilien. Ein Sorgenkind ist Zypern: Weil auf dieser 9 259 Quadratkilometer großen Insel ein Stacheldraht die im Norden lebenden Türken und die Griechen des Südens trennt und die Hauptstadt Nikosia teilt.

Rein rechtlich gehört ganz Zypern mit seinen 900 000 Einwohnern zur EU. Die Menschen im Norden nehmen aber am EU-Alltag nicht teil. Die Türkei erkennt das griechische Zypern, die EU wiederum den Norden nicht an (siehe auch Seite 122 f.).

Dampfbad und Meerjungfrau: Wer schwitzt im kalten Norden?

Hoch oben im Norden begrenzen die skandinavischen Staaten Dänemark und Schweden die EU. Am südöstlichen Rand der Ostsee gehören Finnland und das Baltikum – Litauen, Lettland und Estland – dazu.

Die drei zuletzt Genannten genießen im Sommer die weißen Nächte: So nennen die Balten, was die Skandinavier als Mittsommernacht feiern – die Tage in der Mitte des Jahres, an denen die Sonne rund um die Uhr am Himmel steht. Im Winter sitzen unsere nördlichsten Verwandten dafür ziemlich lange im Dunkeln.

Dänemark gehört geografisch nicht zur Skandinavischen Halbinsel, seine Hauptstadt Kopenhagen ist aber durch den Öresund nur einen Katzensprung weit vom schwedischen Malmö entfernt.

Mit Skandinavien verbindet Dänemark die Geschichte.

Hier wie dort lebten die Wikinger. In Kopenhagen sitzt auf einem Felsen am Hafen eine Skulptur der Kleinen Meerjungfrau aus Hans-Christian Andersens gleichnamigem Märchen. Das Königreich (Staatsoberhaupt ist Königin Margrethe II.) kam mit seinen 5,5 Millionen Einwohnern 1973 zur EU.

Weiter nördlich schlossen sich 1995 Schweden und Finnland an. Schweden ist uns durch Pippi Langstrumpf und andere Bücher von Astrid Lindgren gut bekannt. Das Land ist 500 000 Quadratkilometer groß. Staatsoberhaupt der neun Millionen Schweden ist König Carl XVI. Gustaf, dessen Frau Silvia aus Deutschland stammt. Die Hauptstadt ist Stockholm.

Aus Finnland kommt einer der berühmtesten Autorennfahrer der Welt, Mika Häkkinen. In den Tausenden von Seen des 338 000 Quadratkilometer großen Landes am Polarkreis können sich die 5,2 Millionen Bewohner abkühlen, wenn sie aus der Sauna kommen. Dieses „Schwitzbad" – nichts anderes heißt Sauna – ist eine finnische Erfindung und auch bei uns beliebt. Finnlands Hauptstadt ist Helsinki.

Jenseits des Finnischen Meerbusens am östlichen Rand der Ostsee liegt Estland, der nördlichste der drei baltischen Staaten, zu denen auch Lettland und Litauen zählen. Die drei stießen 2004 zur Europäischen Union. Estland ist mit einer Fläche von 45 100 Quadratkilometern und 1,3 Millionen Einwohnern einer der „Zwerge" in der EU, hat technologisch aber die Nase weit vorn: Die Regierung in Tallinn hat den Esten als erstem Volk der Welt schon 2005 erlaubt, ihre Bürgermeister und Gemeinderäte übers Internet zu wählen. Die Esten dürfen auch wichtige Dokumente digital unterschreiben und via Computer weitergeben. Alle Schulen sind online. Die Esten gehören zu den größten Leseratten der Welt – vielleicht weil's im Winter so lange dunkel ist.

Wie in Estland gibt es auch in Lettland noch Wölfe und Bären. Seine Hauptstadt Riga ist ein wichtiger Ostseehafen und war früher eine Hansestadt. Das 64 600 Quadratkilometer große Lettland muss sich besonders um die Integration der dort lebenden Russen bemühen: Ihr Anteil ist mit einem Drittel der Gesamtbevölkerung recht groß.

Wilna, die Hauptstadt von Litauen als drittem baltischem EU-Staat, gilt als „Rom des Nordens", weil hier viele wunderschöne alte Klöster und Kirchen stehen. Berühmt ist das 65 200 Quadratkilometer große Land mit den 3,4 Millionen Einwohnern für die 100 Kilometer lange Landzunge der Kurischen Nehrung. An den Stränden der schneeweißen Riesendüne kannst du auf Bernsteinsuche gehen.

Die baltischen Staaten gehörten früher zur Sowjetunion. Von der Integration der dort lebenden Russen erhofft sich die EU einen Demokratisierungsschub bei den russischen Nachbarn.

Wer bringt uns Biene Maja und Graf Dracula?

Im Jahr 2004 erlebte die EU mit dem Beitritt von gleich zehn Staaten ihre größte Erweiterung. Acht davon liegen in Osteuropa. 2007 kamen noch Bulgarien und Rumänien dazu. Damit sind Ost und West noch enger aneinandergerückt.

Mit den osteuropäischen Staaten Polen, der Slowakei, Slowenien, der Tschechischen Republik, Ungarn und zuletzt Bulgarien, Rumänien, dem baltischen Estland, Litauen und Lettland (siehe Seite 119) hat sich die EU näher an Asien herangeschoben. Mit der Mittelmeerinsel Zypern klopft Europa in Vorderasien an. Maltas Unionsbürgern weht Afrikas Wüstenwind um die Nase. Mit dem Beitritt Polens kam die Versöhnung zwischen Deutschland und diesem östlichen Nachbarn voran. Dort haben die Nazis im Zweiten Weltkrieg schlimm gewütet. Nach dem Krieg wurden viele Deutsche, die dort lebten, aus ihrer Heimat vertrieben. Das 323 000 Quadratkilometer große Land mit der Hauptstadt Warschau und seinen 38 Millionen Bürgern übt den Spagat zwischen Fortschritt und dem Erhalt seiner einzigartigen Natur: In Europas letztem großen Urwald, dem Nationalpark Bialowieza, leben Tiere und Pflanzen, die anderswo ausgestorben sind, zum Beispiel Bisons.

Südlich von Polen liegen die EU-Staaten Tschechische Republik und Slowakei. Die zehn Millionen Tschechen werden von der 1000 Jahre alten „Goldenen Stadt" Prag aus regiert. Die heißt so wegen der vielen goldenen Kuppeln auf Kirchen und alten Gebäuden. Das 79 000 Quadratkilometer große Land hat eine wechselvolle Geschichte hinter sich: Es gehörte einst zur Habsburgermonarchie, wurde von den Nazis, dann von der kommunistischen Sowjetunion unterdrückt. Tschechien ist die Heimat vieler bekannter Zeichentrickfiguren. Von dort kam zum Beispiel die Biene Maja zu uns geflogen. Bis 1993 waren Tschechen und Slowaken Bürger der Tschechoslowakei.

Die Hauptstadt der heutigen Slowakei, Bratislava, gilt als eine der quirligsten Metropolen in Osteuropa. In den slowakischen Bergen der Hohen Tatra verstecken sich Tausende teils noch unerforschter Höhlen. Zu den 5,4 Millionen Einwohnern dieses 49 000 Quadratkilometer großen Staates gehören Slowaken und Ungarn, Tschechen und Mähren, Ukrainer und Polen, Kroaten und Karpatendeutsche, Ruthener und Roma.

Aus Ungarn kennst du vielleicht das Gulasch und den Plattensee. Budapest ist die Hauptstadt dieses südlichen Nachbarn der Slowakei. Der Balaton – Plattensee – ist ein beliebtes Urlaubsziel in dem Zehn-Millionen-Land von 93 000 Quadratkilometern Größe.

Ein kleines Stück Grenze teilt Ungarn mit Slowenien. Dieses Land gehörte früher zu Jugoslawien. Es ist 49 000 Quadratkilometer groß, seine Hauptstadt heißt Ljubljana. Die zwei Millionen Einwohner können als erste Südosteuropäer mit dem Euro bezahlen.

2007 kamen Bulgarien und Rumänien in die Union. Bulgarien brachte das kyrillische Alphabet als dritte offizielle Schrift in die EU. Mit einem Durchschnittslohn von 170 Euro im Monat (2006) gehören die 7,7 Millionen Einwohner des 111 000 Quadratkilometer großen Landes zu den Schlusslichtern in der EU. Bulgariens Hauptstadt ist Sofia.

Rumäniens bekannteste Figur ist Graf Dracula, die Sagengestalt aus den Karpaten. Das 238 000 Quadratkilometer große Land mit der Hauptstadt Bukarest und 21,7 Millionen Einwohnern war früher als Kornkammer Europas ein reiches Land. Jahrzehntelange Misswirtschaft und Diktatur stürzten es in bittere Armut.

Von Kopenhagen nach Ankara: Warum ist Ayshe gespannt auf Europa?

Die EU prüft streng, wer als Nächstes das europäische Haus betreten darf. Nicht jeder, der anklopft, wird auch hereingelassen. Das zeigen die schwierigen Verhandlungen zwischen der Türkei und der Europäischen Union.

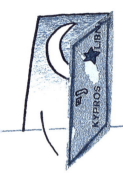

Das Land am Bosporus steht schon auf der Schwelle zur EU. Die nächsten Kandidaten sind Kroatien und Mazedonien. Gerne aufgenommen werden möchten auch die anderen Westbalkan-Staaten Serbien, Montenegro, Albanien und Bosnien-Herzegowina.

Mit der Türkei würde die EU um 779 000 Quadratkilometer und 72 Millionen Menschen wachsen.

Ihr Beitritt hätte eine ganz besondere Bedeutung:

Denn mit dem Land am Bosporus als Familienmitglied würde die EU die Grenze zwischen dem europäischen und asiatischen Kontinent überschreiten. Mehr noch: Sie hätte damit den Fuß auch in einen anderen Kulturkreis gesetzt. Denn die Türkei ist geprägt vom Islam, das „alte" Europa dagegen vom Christentum. Zwar spielt es für die Demokratie keine Rolle, welcher Religion die Menschen in einem Staat angehören. Der jeweils vorherrschende Glaube hat aber überall in der Welt Kulturen und Völker der verschiedenen Länder geprägt. Kommen die sich durch ein politisches Bündnis näher, ist das auch eine große Chance und Bereicherung: weil einer vom anderen lernt und jeder den Nachbarn besser verstehen kann. Ein stabileres Fundament kann der Frieden nicht haben. An der Türkei zeigt sich deutlich, wie ernst die EU es mit ihren Grundwerten,

Rechten und Pflichten nimmt: Sie prüft genau, ob ein Aufnahmekandidat die Kopenhagener Kriterien erfüllt. Die heißen so, weil sie 1993 in Kopenhagen beschlossen worden sind. In ihnen sind drei Bedingungen festgeschrieben: EU-Mitglied kann nur ein Staat werden, der demokratisch und rechtsstaatlich ist, die Menschenrechte und den Schutz der Minderheiten garantiert und stabile Institutionen hat, die dafür sorgen, dass dies alles eingehalten wird. Zweitens muss in ihm die Marktwirtschaft funktionieren, das heißt, dass die Wirtschaft sich auf die Spielregeln von Angebot und Nachfrage versteht, damit sie im europäischen Wettbewerb mithalten kann. Drittens muss jeder EU-Kandidat die Gesetze der EU anerkennen und einhalten und die Ziele der Gemeinschaft unterstützen. Dass die EU da nicht mit sich handeln lässt, zeigt sich gerade an der Türkei: Dort herrscht zum Beispiel noch immer keine uneingeschränkte Meinungsfreiheit. Journalisten müssen befürchten, dass der Staat kritische Berichterstattung verhindert oder ihnen daraus ein Nachteil entsteht. Die Minderheit der Kurden wird noch immer benachteiligt. Und die Türkei erkennt das EU-Land Zypern (siehe Seite 117) nicht als eigenen Staat an und behindert den Handel mit dem Südteil der Insel. Damit verstößt sie gegen eine Grundregel des Binnenmarkts. Die EU wiederum gesteht Nord-Zypern nicht alle EU-Rechte zu. Und die Griechen im Süden torpedieren bislang Versuche einer Vereinigung.

An der Türkei ist aber gut nachzuvollziehen, dass es der Demokratie schon nützt, wenn ein Land sich darum bemüht, die Ansprüche der EU zu erfüllen. Dort wurde noch vor wenigen Jahren im Auftrag des Staates gefoltert. Seit die Regierung in Ankara und die EU miteinander verhandeln, geht es mit den Menschenrechten dort voran. Nicht nur von Staats wegen: Seit Europa auf das Land am Bosporus blickt, werden auch Themen wie die Benachteiligung der Frauen und Zwangsheiraten von jungen Mädchen nicht mehr unter den Tisch gekehrt.

Jeder neue Mitgliedsstaat muss den Vertrag über die Europäische Union unterzeichnen. Dessen wichtigster Satz steht in Artikel 6, Absatz 1: „Die Union beruht auf den Grundsätzen der Freiheit, der Demokratie, der Achtung der Menschenrechte und Grundfreiheiten sowie der Rechtsstaatlichkeit; diese Grundsätze sind allen Mitgliedsstaaten gemeinsam."

Wir schauen lieber zu! Was sind die EFTA-Staaten?

Familienleben ist nicht jedermanns Sache. Vier Staaten haben sich gegen die EU entschieden, pflegen aber über einzelne Verträge eine Partnerschaft: Island, Norwegen, die Schweiz und Liechtenstein.

Das skandinavische Norwegen, das von Oslo aus regiert wird, hatte schon den Fuß in der Tür zur EU. Das Land breitet seine 323 800 Quadratkilometer vom südlichen Rand in der Nordsee gegenüber von Dänemark bis zum Nordkap aus und ist ein Nachbar Schwedens. Der Mehrheit der 4,6 Millionen Einwohner war die Unabhängigkeit dann aber doch wichtiger, und sie hat sich in Volksabstimmungen gegen einen Eintritt entschieden. Das 103 000 Quadratkilometer große Island mit seinen 292 000 Einwohnern und der Hauptstadt Reykjavik bleibt lieber für sich, weil es um seine Arbeitsplätze und Fischgründe bangt. Auch in der 41 300 Quadratkilometer großen Schweiz mit der Hauptstadt Bern lehnten die 7,4 Millionen Bürger mehrmals den Familienanschluss ab. 15 der 25 Kantone, so heißen die Bundesländer dieser Alpenrepublik, in der mit Deutsch, Französisch, Italienisch und Rätoromanisch vier Sprachen gesprochen werden, arbeiten aber eng mit Europa zusammen. Vierter im Bund der Nicht-EU-Staaten ist das 160 Quadratkilometer kleine Fürstentum Liechtenstein mit 34 000 Einwohnern. Diese vier haben sich untereinander in der EFTA, der europäischen *Freihandelszone*, zusammengeschlossen.

Freihandelszone heißt, dass die darin verbündeten Staaten untereinander auf Zölle verzichten, jeder aber gegenüber Drittländern seine eigenen Zölle erhebt.

Dann gibt es noch zwei Zwergstaaten, die zwar mit dem Euro bezahlen, aber nicht der EU angehören: Das 66 000 Einwohner zählende Andorra in den östlichen Pyrenäen und das Fürstentum Monaco, das zwischen Italien und Frankreich ein Stückchen Strand vom Mittelmeer sein Eigen nennt.

Wir und die Welt

So macht Europa Staat: Welche Rolle spielen wir in der Welt?

Wäre die EU ein Staat, wäre er einer der reichsten der Erde. Die Gemeinschaft zählt neben Japan, Kanada und den USA zu den vier bedeutendsten Wirtschaftsmächten. Europa zeigt aber auch anders Flagge in der Welt.

Die Welthandelsorganisation behandelt die EU, als sei sie ein eigener Staat und nicht nur ein Bündnis. Und das, obwohl jedes EU-Mitglied noch mal extra einen Sitz und eine Stimme in dieser WTO (= World Trade Organisation) hat. Insgesamt gehören ihr 150 Staaten plus die EU an. Diese wird dort durch die Europäische Kommission vertreten. Die WTO hat Grundregeln für den Welthandel aufgestellt, um Ordnung in die Wirtschaftsbeziehungen ihrer Mitglieder zu bringen. In der WTO verhandeln die Staaten über niedrigere Zölle und darüber, ob und wie die Staaten sie einander angleichen sollen. Die WTO versucht, dafür zu sorgen, dass die Staaten beim Geschäftemachen die Fairness wahren. Sie will Handelsschranken abbauen und verhindern, dass einer dem anderen den Zugang zum eigenen Markt erschwert oder gar versperrt. Der WTO geht es aber nur um den Handel. Das Wirtschaftsbündnis der EU dagegen setzt sich auch für die Menschenrechte, die Demokratie und soziale Gerechtigkeit ein.

Innerhalb der WTO hat die Europäische Union Sonderrechte für sich durchgesetzt, zum Beispiel beim Handel mit den früheren Kolonialstaaten. Die Gruppe der AKP-Länder in Afrika, der Karibik und dem Pazifik (deshalb AKP) wird von der EU dabei unterstützt, den Zugang zu den Weltmärkten zu schaffen. Diese 78 Staaten müssen sich im Gegenzug verpflichten, bei sich zu Hause mehr gegen die Armut, für die Umwelt, die Menschenrechte und die Demokratie zu tun und den Terrorismus zu bekämpfen. Dafür hat ihnen die EU die Vorteile einer Freihandelszone (siehe Seite 124) in Aussicht gestellt. Sie könnten dann unbegrenzt Waren in die EU einführen und müssten keine Zölle mehr bezahlen. Ähnliches gilt für die 49 ärmsten Staaten der Erde.

Die EU will so helfen, dass dort neue Arbeitsplätze entstehen.

Denn das ist noch immer das beste Rezept gegen Armut.

Gegenüber Afrika, Südamerika und Asien hat Europa einiges wiedergutzumachen: Viele der Länder dort wurden von den Kolonialherren des alten Kontinents über Jahrhunderte unterdrückt, ausgebeutet und ausgenutzt. Obwohl sie inzwischen alle unabhängig sind, tragen diese Staaten noch heute schwer daran. Die EU und ihre Mitglieder zahlen über die Hälfte und damit den weltweit größten Anteil an Entwicklungshilfe. Jeden Monat fließt über eine Milliarde Euro von Europa in die sogenannte Dritte Welt. Damit werden zum Beispiel Schulen und Straßen gebaut, die medizinische Versorgung verbessert und handwerkliche Betriebe unterstützt.

Um nach Naturkatastrophen, Kriegen und bei Hungersnöten weltweit schnell helfen zu können, hat die Union ECHO eingerichtet. Das ist die Abkürzung für European Community Humanitarian Office und heißt Amt der Europäischen Gemeinschaft für humanitäre Hilfe.

Unterricht in einer Grundschule in Uganda. Die EU unterstützt u. a. auch Schulprogramme in Entwicklungsländern.

Wachen mit Waffen: Was machen Artemis und Concordia bei den Soldaten?

Artemis war in der griechischen Sagenwelt eine Tochter von Zeus, Concordia die Göttin der Eintracht im alten Rom. Nach ihnen hat die EU zwei Einsätze europäischer Soldaten benannt. Die wurden losgeschickt, um Frieden zu schaffen.

Die Europäische Union hat keine eigenen Soldaten. Es gibt auch keine europäische Armee, weil kein Land die Befehlshoheit über sein Militär ab- und aufgeben mag. Und doch schickt die EU manchmal Truppen los, um in Krisenregionen Gewalt zu verhindern oder in Kriegsgebieten Frieden zu schaffen. Diese Truppen werden EUFOR (European Force = europäische Streitkraft) genannt und kommen entweder aus einem EU-Staat, oder mehrere Länder stellen dafür Soldaten ab. EUFOR ist ein Bestandteil der Europäischen Sicherheits- und Verteidigungspolitik und ein Kind der GASP (siehe Seite 56), der gemeinsamen Außen- und Sicherheitspolitik. Die EUFOR kommt zum Einsatz, wenn Staaten Hilfe brauchen, um den Frieden zu sichern, Unruhen zu verhindern oder die Demokratie in ihrem Land aufzubauen.

Der erste EUFOR-Einsatz wurde nach der Göttin der Eintracht benannt. Im Jahr 2003 hat die EU den zerstrittenen Christen und Muslimen in Mazedonien geholfen, einen Weg zur Versöhnung zu finden. „Concordia" löste einen Einsatz von NATO-Soldaten ab. Mit „Artemis" leisteten deutsche Soldaten im Auftrag der EU einen Beitrag, um den afrikanischen Kongo vor seinen ersten demokratischen Wahlen vor einem Bürgerkrieg zwischen den rivalisierenden Gruppen im Land zu bewahren. In Bosnien-Herzegowina schließlich versucht eine multinationale Truppe, die verschiedenen Ethnien, also Volksgruppen dieses Landes, miteinander zu versöhnen. Die Operation heißt „Althea", die Heilende. An ihr sind 7 000 europäische Soldaten aus 33 Staaten beteiligt, also auch aus Ländern außerhalb der EU. Sie tragen ein auffallend blaues Abzeichen mit dem europäischen Sternenkranz, damit schon jedes Kind diese Soldaten erkennt. In Bosnien-Herzegowina hilft gleichzeitig eine EU-Mission, dort eine funktionierende Polizei aufzubauen.

Zwar tragen die EUFOR-Soldaten Waffen. Ihr Ziel ist es aber, den Frieden in einem Land möglichst ohne deren Einsatz zu sichern, ihn manchmal auch erst zu schaffen. Obendrein ist die EU dabei, eine „Schnelle Eingreiftruppe" aufzubauen. Diese Kriegs- und Krisenfeuerwehr soll spätestens 2010 einsatzbereit sein. Dann will die EU, wann immer und wo immer ein Land in der Welt besondere Hilfe gegen Gewalt, Terror, Hunger oder andere humanitäre Katastrophen braucht, binnen 60 Tagen bis zu 60 000 Soldaten an solche Brennpunkte bringen können. Bis es so weit ist, sollen kleinere Einheiten von bis zu 1 500 Soldaten, die entweder aus einem der großen EU-Länder oder mehreren kleinen kommen, in fünf bis zehn Tagen marschbereit für einen Einsatz sein.

Am 10.07.2006 vor der Henning-von-Tresckow-Kaserne in Geltow bei Potsdam, Operationshauptquartier der EUFOR

Hallo Nachbar, was kann ich für dich tun?

Familienfrieden ist eine feine Sache. Doch Frieden zu Hause wird schnell auch durch Streit nebenan in Gefahr gebracht. Deshalb bemüht sich die EU um Demokratie in ihrer Nachbarschaft.

Die osteuropäischen und baltischen Mitgliedsstaaten haben der EU neue asiatische Nachbarn mitgebracht. Seit der Osterweiterung im Jahr 2004 bemüht sich die Union deshalb besonders, den demokratischen Bewegungen in Weißrussland, der Ukraine, Moldawien, Georgien, Armenien und Aserbaidschan zur Seite zu stehen und diesen Ländern durch Wirtschaftshilfe unter die Arme zu greifen. Bis 2013 hat die EU dafür zwölf Milliarden Euro bereitgestellt.

Die von uns Naher Osten genannte Region am östlichen Mittelmeer ist uns von jeher sehr nah, weil Europa dort tiefe Wurzeln hat. Im heutigen Israel steht die Wiege des Christentums. Dort bekriegen sich seit vielen Jahrzehnten Israelis und Palästinenser, weil jedes der beiden Völker dem anderen das Recht auf einen eigenen Staat streitig macht. Dieser Streit bedroht spätestens seit dem 11. September 2001 die ganze Welt. Mit Terroranschlägen haben islamistische *Fundamentalisten* auch den Nahost-Konflikt zu ihrer Sache gemacht. Die EU versucht im „Nahost-Quartett" gemeinsam mit den USA, Russland und den Vereinten Nationen (UNO), einen Fahrplan zum Frieden in dieser Region zu finden. Mit Ägypten, Libyen, Tunesien, Algerien und Marokko, mit Israel, der Palästinensischen Selbstverwaltungsbehörde, Syrien, dem Libanon und Jordanien verbindet die EU seit einem Jahrzehnt außerdem eine Mittelmeer-Partnerschaft. Ihr Ziel ist es unter anderem, durch Handel den Wandel dieser Staaten zu Demokratien zu schaffen.

Fundamentalisten sind Menschen, die kompromisslos versuchen, ihre religiösen oder weltanschaulichen Grundsätze durchzusetzen.

... und wo geht's jetzt lang?

Eine Verfassung für die EU: Was steht drin, und warum muss sie warten?

Das Dach der EU spannt sich jetzt über 27 Staaten. Ihr gemeinsames Haus steht auf Einzelverträgen. Damit dieses Fundament Europa noch besser und auch in der Zukunft trägt, will die Union es mit einer Verfassung stabiler machen.

Konvent heißt Zusammenkunft, Versammlung (von lat. conventus).

Dieses europäische Grundgesetz gibt es schon: Verfasst hat es ein *Konvent* aus 105 Abgesandten der nationalen Parlamente, der Europäischen Volksvertretung und der Europäischen Kommission. So handlich und einfach sollte es werden, dass jeder Schüler es in die Tasche stecken, lesen und verstehen kann. Dann wurde doch ein 500 Seiten dicker Wälzer daraus. Die Regierungschefs der EU haben es bereits unterschrieben, doch noch ist es nicht in Kraft: Frankreich und die Niederlande haben ihre Bürger darüber abstimmen lassen, und die haben in Volksabstimmungen vorerst Nein gesagt. Einige, weil sie mit der eigenen Regierung unzufrieden waren. Andere bangten in der so schnell so groß gewordenen Union um nationale Vorteile. Wem auch immer dieser Denkzettel galt: Für die Union war das eine deutliche Mahnung. Die Politiker müssen Sinn und Nutzen der EU noch viel besser erklären und den Menschen nahebringen, was jedes Land davon hat.

Dabei räumt die Verfassung den Bürgern und nationalen Regierungen mehr Einfluss und Mitsprache ein: Sogar eine europäische Volksabstimmung ist vorgesehen. Dann können die Bürger ein Thema, das ihnen auf den Nägeln brennt, selbst nach Brüssel tragen. Auch die Europa-Abgeordneten, also die direkt gewählten Volksvertreter, haben nach der Verfassung mehr zu sagen. Die einzelnen Regierungen können Aufgaben auf die nationale Ebene zurückholen, wenn die dort besser auf-

gehoben sind. Das wird *Subsidiaritätsprinzip* genannt. Außerdem bekommt die Sozialcharta Gesetzeskraft. Das heißt, dass jeder Bürger deren Rechte (siehe Seite 36) für sich vor Gericht einklagen kann.

Das europäische „Grundgesetz" gibt der EU auch ein „Gesicht": Bislang wechseln sich die nationalen Regierungschefs halbjährlich im Ratsvorsitz ab. Vorgesehen ist, dass der Europäische Rat künftig für jeweils zweieinhalb Jahre denselben Vorsitzenden hat, der zusätzlich kein nationales Regierungsamt ausüben darf. Außerdem bekäme die EU einen eigenen Außenminister, der Europa gegenüber der übrigen Welt vertreten kann. Den Brüsseler „Apparat" will die Verfassung verschlanken, damit er beweglicher wird und schneller entscheiden kann: Die EU-Kommission mit jetzt 27 Kommissaren (aus jedem Land einer) soll um ein Drittel verkleinert werden. Die einzelnen Staaten lösen sich darin in einem festen Turnus ab. Auch das Europaparlament soll schrumpfen: Die Zahl seiner Sitze wird ab der nächsten Europawahl 2009 auf 750 begrenzt, egal wie viele Mitglieder die Union eines Tages hat. Den kleinsten Staaten werden dabei mindestens sechs Abgeordnete garantiert, die Großen müssen sich auf maximal 96 beschränken.

Reformiert werden auch die Abstimmungsregeln (siehe Seite 72 f.): Zukünftig ist eine „doppelte Mehrheit" geplant. Danach gilt ein Beschluss nur als angenommen, wenn er das Ja von 55 Prozent aller Mitglieder hat, die zugleich 65 Prozent aller Unionsbürger repräsentieren müssen. Schließlich regelt die EU auch, dass und wie ein Staat sie wieder verlassen kann.

Hinter dem Subsidiaritätsprinzip steht, dass ein Problem auf der untersten möglichen politischen Ebene gelöst werden muss. Das heißt zum Beispiel: Eine Aufgabe, die die Gemeinden alleine besser erledigen können, geht die EU nichts an.

Ob mit oder ohne Verfassung: Reformieren muss sich die EU auf jeden Fall.

Die Verfassung würde aber eines noch deutlicher machen: dass Europa trotz seiner Vielfalt mehr verbindet als trennt.

Vereintes Europa oder Vereinigte Staaten? Wo ist der Unterschied?

Was wird und kann aus der EU noch werden? Jedenfalls keine Zwillingsnation der USA. Was die Union von den Vereinigten Staaten von Amerika unterscheidet, macht uns so besonders und lässt die EU zu einem Modell für die Welt werden.

Auch die USA bestehen aus vielen verschiedenen Bundesstaaten. Aber sie sind eine einzige Nation. Amerika leitet aus seiner Größe und Macht sein Selbstbewusstsein und einen Führungsanspruch in der Welt ab, der nicht jedem geheuer ist. Misstrauen jeglicher Art gegenüber Europa will die EU aber verhindern. Schließlich war das mit ein Grund, warum sich die Gemeinschaft gegründet hat. Nie wieder sollen Menschen oder ein Staat der Erde Angst vor einem von uns oder vor uns allen haben, auch wenn wir mittlerweile ein so mächtiges Gebilde sind (siehe Seite 110 f.). Das Besondere am vereinten Europa ist, dass es aus so vielen verschiedenen Nationen besteht, von denen trotz der gemeinsamen Interessen jede ihre Eigenarten und Besonderheiten behalten hat und behalten soll.

Diese Vielfalt ist das Herzstück der Europäischen Union.

Auf die Finger schauen wollen sich ihre Mitglieder allerdings, damit sich in keinem Staat nationaler Egoismus erhebt, der einem anderen schaden kann. Daraus erwachsen die Stärke der Union und das Vertrauen in sie: Der Schutz der Vielfalt fördert den Zusammenhalt, der aber niemand in der Welt bedroht.

Wahrgenommen wird diese Stärke vor allem wegen der Wirtschaftsmacht der Union. Sie ist das Bindeglied zwischen den einzelnen Staaten. Sie hilft jedem Mitglied dabei, im globalen Wettbewerb zu bestehen, aber auch soziale Sicherheit für die eigenen Bürger zu schaffen. Die aber gibt es nur, wenn die Wirtschaft funktioniert und jeder sich seinen Lebensunterhalt selbst verdienen kann. Deshalb hat sich die EU zur Jahrtausendwende ein ehrgeiziges Ziel gesetzt und die Lissabon-Strategie beschlossen: Die EU will bis 2010 dafür sorgen, dass es in der Union keine Arbeitslosen mehr gibt, die Umwelt besser geschützt wird und die soziale Sicherung der Unionsbürger auf festeren Beinen steht. Dazu muss die Wirtschaftskraft der Union weiter wachsen.

Die Lissabon-Strategie wurde im Jahr 2000 vom Europäischen Rat in Portugals Hauptstadt Lissabon beschlossen.

Wirtschaftspolitik ist für Europa aber mehr als soziale Sicherheit für die eigenen Bürger: Die EU setzt sie auch als Instrument ein, um auf dem Weltmarkt mehr Gerechtigkeit zu schaffen. Weil das die beste Basis für den Auf- und Ausbau von Demokratien ist. Dieser Grundgedanke hat vor über 50 Jahren zur Gründung des vereinten Europa geführt. Westeuropa hat seitdem keinen Krieg mehr erlebt. Eine so lange Zeit des Friedens gab es dort nie zuvor. Seit 2004 werden die osteuropäischen Mitgliedsländer mitgezählt. Das Modell Europa hat sich bewährt und den einstigen Kriegskontinent zum Erdteil des Friedens gemacht.

Glossar

Binnenmarkt gemeinsamer Markt innerhalb der Grenzen der Europäischen Union

Bürgerbeauftragter (auch „Ombudsman") An ihn kann sich jeder Unionsbürger wenden, der sich von den Organen oder Behörden der EU in seinen Rechten beeinträchtigt sieht.

Charta der Grundrechte In ihr sind die Würde des Menschen, Freiheiten, Gleichheit, Solidarität, Bürgerrechte und justizielle Rechte als Grundrechte jedes Unionsbürgers festgeschrieben.

EG (Europäische Gemeinschaft) In sie wurde die EWG 1967 umbenannt. Heute eine der drei Säulen der EU. Auf ihr ruht die Wirtschaftspolitik.

EGKS (Europäische Gemeinschaft für Kohle und Stahl) siehe Montanunion

EU (Europäische Union) ein politisches und wirtschaftliches Bündnis, dessen Ziel es ist, gleiche Bedingungen für Leben, Sicherheit, Arbeit und Wohlstand der Bürger in seinen Mitgliedsstaaten zu schaffen. Ihr gehören 27 Länder an (Stand 2007). www.europa.eu

Euratom (auch: EAG oder Europäische Atomgemeinschaft) 1957 zusammen mit der EWG gegründet. Kontrolliert und koordiniert die friedliche Nutzung der Atomenergie in den Mitgliedsstaaten

Europäische Gemeinschaft siehe EG

Europäische Kommission sitzt in Brüssel, schlägt neue Gesetze vor, kontrolliert deren Einhaltung, verwaltet den Haushalt und vertritt nach außen die Interessen der EU. Besteht aus 27 Kommissaren (Stand 2007, pro Mitgliedsstaat einer), wobei jeder für ein Fachgebiet zuständig ist.

Europäische Menschenrechtskonvention Menschen- und Grundrechtskatalog des Europarats. Trat 1953 in Kraft. Jeder Staat, der Mitglied werden will, muss sie unterzeichnen.

Europäische Sozialcharta 19 soziale und wirtschaftliche Rechte der Bürger aller Mitgliedsstaaten des Europarats, von denen jedes Land mindestens zehn garantieren muss

Europäische Verfassung soll der EU statt der Einzelverträge ein stabileres Fundament geben, sie reformieren, durchschaubarer und bürgernäher machen.

Europäische Zentralbank sitzt in Frankfurt, wacht darüber, dass der Euro nicht an Wert verliert, legt seinen Wechselkurs gegenüber anderen Währungen fest und bestimmt den Zinssatz, zu dem sich Banken im Euro-Raum Geld borgen können

Europäischer Gerichtshof für Menschenrechte Vor ihm kann jeder Bürger klagen, der sich vom Staat in seinen Grund- oder Menschenrechten verletzt sieht.

Europäischer Gerichtshof höchstes Gericht der EU. Entscheidet im Streitfall darüber, ob Verträge richtig ausgelegt und angewendet werden

Europäischer Gipfel siehe Europäischer Rat

Europäischer Rat (auch Gipfel genannt) Treffen der Regierungschefs der Mitgliedsstaaten der EU

Europäischer Rechnungshof kontrolliert Einnahmen und Ausgaben der EU sowie deren ordnungsgemäße Verwendung

Europäisches Parlament Bürgerkammer der Europäischen Union mit Sitz in Brüssel und Straßburg. Ihre Abgeordneten werden alle fünf Jahre direkt von den Unionsbürgern gewählt. www.europarl.de

Europarat Er wurde 1949 gegründet, um die Menschenrechte in der Welt zu überwachen. Sein Sitz ist Straßburg. Ihm gehören folgende Staaten an (Stand 2007): Albanien, Andorra, Armenien, Aserbaidschan, Belgien, Bosnien und Herzegowina, Bulgarien, Dänemark, Deutschland, Estland, Finnland, Frankreich, Georgien, Griechenland, Irland, Island, Italien, Kroatien, Lettland, Liech-tenstein, Litauen, Luxemburg, Malta, Mazedonien, Moldawien, Monaco, Niederlande, Norwegen, Österreich, Polen, Portugal, Rumänien, Russland, San Marino, Schweden, Schweiz, Serbien, Slowakei, Slowenien, Spanien, Tschechische Republik, Türkei, Ukraine, Ungarn, Vereinigtes Königreich, Zypern.

Europatag 9. Mai als Erinnerung an den 9. Mai 1950. Damals schlug Frankreichs Außenminister Robert Schuman vor, ein vereintes Europa zu schaffen.

EWG 1957 unterzeichneten Frankreich, Deutschland, Italien, Belgien, die Niederlande und Luxemburg den Vertrag über die Europäische Wirtschaftsgemeinschaft, um einen gemeinsamen Markt für Wirtschaft und Außenhandel zu schaffen. Der EWG-Vertrag trat 1958 in Kraft.

GASP Gemeinsame Außen- und Sicherheitspolitik, eine der drei Säulen der EU

Kopenhagener Kriterien wurden 1993 in Kopenhagen formuliert. Drei Bedingungen, die jeder Kandidat erfüllen muss, bevor er der EU beitreten kann: 1. Demokratie, Rechtsstaatlichkeit, Menschenrechte und Minderheitenschutz, 2. funktionsfähige Marktwirtschaft, 3. Anerkennung aller EU-Verträge und Gesetze und ihrer Ziele

Lissabon-Strategie wurde 2000 in Lissabon beschlossen und soll die EU bis 2010 zur am schnellsten wachsenden und wettbewerbsfähigsten Wirtschaftsgemeinschaft der Welt machen. Wichtigste Ziele sind Vollbeschäftigung, bessere Bildung für alle und besserer Schutz der Natur.

Lobby Interessenvertreter von Wirtschaftsorganisationen, Firmen oder Verbänden, die versuchen, auf die politischen Entscheidungsträger in der EU Einfluss zu nehmen

Ministerkomitee Versammlung der Außenminister des Europarats. Zwischen deren regelmäßigen Treffen nehmen ihnen ständige Vertreter die Arbeit ab.

Ministerrat siehe Rat der Europäischen Union

Montanunion Europäische Gemeinschaft für Kohle und Stahl (EGKS); wurde 1951 von Frankreich, Deutschland, Italien, Belgien, den Niederlanden und Luxemburg gegründet

OLAF Office Européen de Lutte Anti-Fraude = Europäisches Anti-Betrugs-Büro, Finanzpolizei der EU gegen Zoll- und Subventionsbetrüger

Parlamentarische Versammlung Ihre 315 Abgeordneten werden aus den nationalen Parlamenten der Europaratsstaaten nach Straßburg entsandt.

Rat der Europäischen Union (auch Ministerrat:) die jeweiligen Fachminister der Mitgliedsstaaten. Berät und beschließt die Gesetze der EU

Ratspräsidentschaft wird für jeweils ein halbes Jahr einem der Regierungschefs der Mitgliedsstaaten übertragen

Römische Verträge Die Verträge zur Gründung der EWG wurden 1957 in Rom unterzeichnet.

Schengener Abkommen setzte den Abbau der Grenzkontrollen innerhalb der EU in Gang. Wurde 1985 im luxemburgischen Schengen unterzeichnet

Stabilitäts- und Wachstumspakt wurde 1997 geschlossen, um die Wirtschafts- und Währungsunion abzusichern. Verpflichtet die Mitgliedsstaaten, ihren nationalen Haushalt in Ordnung zu halten.

Subsidiaritätsprinzip verpflichtet die EU, politische Aufgaben auf der niedrigstmöglichen Ebene zu lösen

Unionsbürgerschaft garantiert, dass kein EU-Bürger in einem anderen Mitgliedstaat schlechter behandelt werden darf als dessen nationale Bürger

Vertrag von Maastricht wurde 1992 im niederländischen Maastricht unterzeichnet, erweiterte die EG zur Europäischen Union und trat 1993 in Kraft

Vier Freiheiten garantiert der europäische Binnenmarkt: den freien Verkehr von Waren, Personen, Dienstleistungen und Kapital.

ZBJI Zusammenarbeit in den Bereichen Justiz und Inneres, eine der drei Säulen der EU

Stichwortverzeichnis

Christine Schulz-Reiss, Jahrgang 1956, ist Journalistin. Nach dem Studium der Germanistik, Geschichte, Politik und Kommunikationswissenschaften arbeitete sie als politische Reporterin und Redakteurin bei Tageszeitungen in Stuttgart und München. Seit 1991 ist sie freiberuflich tätig und schreibt für verschiedene Magazine sowie Sachbücher für Kinder und Jugendliche. Bei Loewe sind von ihr unter anderem *Nachgefragt: Politik* und *Nachgefragt: Philosophie* erschienen. *Nachgefragt: Politik* wurde 2004 für den Gustav-Heinemann-Friedenspreis nominiert. Die Autorin hat eine Tochter und lebt mit ihrer Familie in der Nähe von München.

Verena Ballhaus wurde 1951 in Gemünden am Main geboren. Schon früh begeisterte sie alles, was mit Farben und Formen zu tun hat. Aus diesem Grund besuchte sie nach der Schule die Kunstakademie in München, an der sie neben Malerei und Grafik auch Kunsterziehung studierte. Nach dem Studium arbeitete sie zunächst für einige Zeit als Bühnenbildnerin, widmet sich aber nun schon seit vielen Jahren dem Illustrieren von Kinderbüchern. Für ihre Arbeit wurde Verena Ballhaus bereits mehrfach ausgezeichnet, u.a. mit dem Jugendliteraturpreis.

Bildnachweis:
Keystone: S. 129 (Jose Giribas); SV-Bilderdienst: S. 41 (caro), S. 45 (Amerika Haus), S. 49 (Sven Simon), S. 55, S. 63 (Baumgarten U./vario-press), S. 71 (Unkel R.), S. 73 (Bastian A./Caro), S. 99 (90060/KPA; Grabowsky U.), S. 111 (Baumgarten U./vario-press), S. 115 (Unkel R.), S. 127 (Baumgarten U./vario-press); S. 135 (Oed H.-G.).

Nachgefragt
– und Mitreden ist kein Problem mehr!

ISBN 978-3-7855-5031-1

ISBN 978-3-7855-5212-4

ISBN 978-3-7855-5578-1

ISBN 978-3-7855-4840-0

ISBN 978-3-7855-5669-6

ISBN 978-3-7855-4236-1

ISBN 978-3-7855-4668-0